永不崩盤

小吳醫師的平衡型致富系統

「黃金×債券×股票」輪動策略，
無懼崩盤，再忙也不怕，獲利安全又穩健！

吳佳駿、劉詠廷——著

序言
PREFACE

> **投資的智慧——
> 以更高的視野看全局，
> 用 10% 的努力獲得 90% 的回報**

你是否曾經擔心，當市場劇烈波動、股市崩盤時，自己的投資資金會大幅縮水？或者無論花多少時間研究，投資回報卻總是不如預期？

或許你已經有了一些投資經驗，可能買過幾支股票，嘗試過不同的基金，但每當市場波動或出現不確定性時，焦慮和壓力就隨之而來，甚至可能影響到你的工作和生活。

你可能也曾經懷疑過，「我的投資策略真的對嗎？有沒有更穩定、更高效的路徑，能讓我在不需要花那麼多時間的情況下實現財富增長？」

如果你有過這樣的疑問，這本書正是為了解決這些困惑而寫的。

我會幫助你建立一個簡單而清晰的平衡型投資系統。這個系統讓你用最少時間，只要 10% 的努力，就能讓你取得 90% 的回報，不再懼怕股市崩盤，重新讓你找回人生主導權。

過去七年來，我逐步建立了我稱為財富飛輪的投資策略，在「黃金 × 股票 × 債券」輪動策略中找出適合自己的平衡致富系統，不執著於 10～20% 波動的小利，專注在長期獲得數倍的報酬。每年只調整一次投資比例，加上一筆我叫「冒險箱」的主動投資策略並搭配「小金庫」策略，配置了預期每年 20% 以上

回報的潛力資產。我藉由財富飛輪的投資策略，目前整體資產已經有 3 倍以上的成長。而這個策略非常簡單，你只要透過本書的內容就可以輕易學會。

我叫小吳醫師，一名曾經在醫院奔波的醫師。也許你會好奇，為什麼一個醫生會跑來寫一本投資書？這一切要從我還是住院醫師的時候說起。

那時候，我每天沉浸在醫院的忙碌工作和壓力當中，但看到病人因為我的治療而恢復健康，那份成就感是說不出的喜悅。

然而，有一天，當我搭醫院交通車準備上班時，突然接到媽媽焦急的電話，她說：「你爸爸突然胸痛冒冷汗，該怎麼辦？」我心中大驚，因為這很可能是心肌梗塞，我立刻請他們去急診，同時急忙拜託朋友替我代班，隨即搭計程車趕回 100 公里外的老家。

路上，我的心情像暴風雨般翻滾，心想：「如果未來依然如此忙碌，無法掌控自己的時間，萬一家人再需要照顧，我該怎麼辦？無論這職業多麼出色，也賺到不錯的薪水，但如果不能在家人有需要時予以相伴，那麼這份代價是否值得？」

那一刻，我深刻感受到自己的人生似乎完全不在掌控之中，這使我開始重新審視生活與工作的平衡，進而探尋財務自由的道路。

因此，我毅然決然放棄了大醫院主治醫師的職位，轉戰診所，並開始尋找解放自己時間與自由的途徑。最後我同時進行了兩個方法：

1. 研究投資理財，希望讓資產增值，實現財務自由。
2. 探索網路行銷，利用其網路靈活性來解放時間。

然而，事情並不如我所想的順利。最初接觸投資時我和許多人一樣，希望找到一個既簡單又能獲利的方法。但大量閱讀數百本投資書籍、參加各種課程、跟隨各類投資大師後，雖然我學到了很多，但我也發現學得越多越發現充滿矛盾。

譬如，有人說要設停損，才不會讓投資部位虧損，但為什麼又有知名老師說應該在股市下跌時，股價越低越要買進？以我們買東西的經驗，應該價錢越便宜越好，但為什麼又有成功交易者說要在突破壓力位後，上漲時才要買進？每個在大師手上有效的方法，放在一起卻是無法兼容。

於是，我的投資計畫一直沒有開始，因為我害怕隨意投資會虧損，要等確定之後才進行。幸運的是，我的網路行銷計畫反而突飛猛進，不但開啟了一個斜槓事業，還幫助了多位投資理財老師做行銷，推廣他們的投資課程。

沒想到推廣與研究多位老師課程後，打通了我的投資任督二脈。因為我已經在經營斜槓事業，而事業是有多種成功模式，我們不會妄想用一招就創業成功，而是要找尋適合自己的模式。那為什麼投資只能有一種成功的方法？

巴菲特的合夥人查理・蒙格（Charlie Munger）提到，要用多元思維模型來解決問題。這讓我有了靈感，「投資也應該有多元思維」。當我用不同視野看投資時，我豁然開朗，原來關鍵不是找到一個「最佳」的方法，而是在於找到最適合自己的投資風格與方法。於是我運用多個領域的視角和斜槓思維，加上自己的獨特見解，整合出了屬於自己的平衡型致富系統，而這跟只用投資領域單一視角的書籍有了根本性的差異。

如果投資就像爬一座高山，登頂的路徑會不止一條，問題是該怎麼輕鬆登頂呢？這本書我提供了更高的視野看投資全局，你會學習到只要付出 10% 努力，就能取得 90% 你應得的投資報酬。

本書共五篇，每篇提供一個不同的投資視野：

第一篇　俯瞰投資佈局： 教你用最少的努力，透過股票與債券來打造「老闆錢包」，實現長期增長。

第二篇　進階的投資視野： 介紹「成長錢包與價值錢包」和「冒險箱」等策略，在控制風險的同時提升回報。

第三篇　歷史視野：透過資產週期幫你識別市場週期，學會如何配置黃金、建立「小金庫」與「資產池」，抓住投資最佳時機與最佳的資產平衡點。

第四篇　人生視野：超越財務資產，探討如何整合各種人生資本，打造全方位的平衡型「投資飛輪」致富系統。

第五篇　內心修煉與投資心理學：我特別邀請了詠廷，他台大心理系畢業，同時也是一位成功的天使投資人，他會在這篇與你分享影響投資行為的重要心理因素，以及如何進行內心修煉，幫助你變成更為成功的投資人。

這本書適合：

- 忙碌的專業人士，如工程師、醫生、律師和教師，想尋求有效的投資策略以優化時間和回報。

- 對投資有一定了解，但苦於找不到適合的方法，希望從不同視角深入學習的投資者。

- 希望深入了解投資本質，用簡單的「黃金 × 股票 × 債券」輪動配置，掌握這場遊戲規則的學習者。

但我也要坦誠相告，這本書並不適合所有人。如果你希望一夜致富，或喜歡頻繁進出市場，追求短期波動利益，那麼這本書不適合你。我所提倡的策略需要長期的耐心和紀律，每年只需要花一點點的時間，但必須堅守策略並持續投入資金。如果你能做到這些，我相信這本書會為你帶來全新的視角，激發你對投資的不同思考，不再恐懼股市崩盤，安心投資。

讓我們開始吧！

如何使用這本書

　　建議你先按照順序，從第一篇開始依序閱讀到第五篇，因為每一篇的投資邏輯是環環相扣、逐步推進的。這五篇開頭都會介紹主要的觀念與策略，請好好掌握。

　　當你完整閱讀一遍後，會發現每個人所需要的投資策略其實有不同的特殊需求。對於一般投資者，我建議首先掌握第一篇「老闆錢包」，並深入了解第三篇「小金庫策略」。這兩個策略就是本書最基礎的「黃金 × 股票 × 債券」輪動策略，它將幫助你建立起基本的平衡型投資邏輯，讓你發現投資就是簡單、安全又穩健，並能夠實際應用在日常投資中，不再擔心股市崩盤。這是踏入投資領域的第一步。

　　接著，你需要理解的是，投資的真正關鍵並不在於你學到多麼高深的投資技巧，因為如果你的投資本金不足，即使擁有再高明的策略，也難以產生足夠的回報（**投資守則一**）。

　　因此，我強烈建議你參考第四篇「人生資本」，並不斷思考如何提升你的人生資本，特別是創造出自己獨特的技能和職業價值。除了資產平衡，你的人生也要平衡，這樣才能大幅提高收入，進一步創造屬於你的「投資飛輪」，為投資奠定更強的基礎。

　　當你掌握了這些基礎，如果還有餘力，可以開始實踐第二篇「冒險箱」策略，或進一步研究「成長錢包」與「價值錢包」策略。甚至你可以參考我提出的「資產池」策略，選擇最適合你的平衡型資產配置。這些投資策略都環繞在一個主題：控制風險，要避免毀滅型的資產虧損，這是成為投資贏家重要的關鍵（**投資守則二**）。

　　最後無論你處於哪一階段，一旦進入投資市場，自身心理狀態必然會受到市場波動的影響。因此，請三不五時回顧第五篇「內在修煉」。這一篇至關重要，

因為唯有掌握內心的欲望，才能真正克服市場的漲跌，超越市場心理循環，堅持你的投資哲學和紀律，最終獲得長期的投資回報。

希望你會喜歡這本書，讓我們一起開始學習，邁向成功的投資之路吧！

目錄
CONTENTS

PREFACE

序 投資的智慧——以更高的視野看全局，用 10% 的努力獲得 90% 的回報   *2*

如何使用這本書   *6*

PART 1 俯瞰投資佈局——掌握簡單有效的投資法則

第 1 章　玩好投資遊戲的關鍵——從數學找到答案   *16*

第 2 章　老闆錢包——最簡單的穩健收益策略   *24*

第 3 章　打造老闆錢包的六大步驟   *31*

第 4 章　掌握核心法則——輕鬆擊敗 90% 操盤手的投資心法   *38*

PART 2 登上更高的山峰——進階的投資視野

第 5 章　揭開投資獲利的祕密——真相超乎你的想像   *52*

第 6 章　避開散戶的盲點——邁向投資高手的第一步   *59*

第 7 章　初階冒險箱——槓鈴策略，讓你掌控風險，安心睡好覺   *64*

第 8 章 用你一生視野看投資——成長錢包 vs 價值錢包	71
第 9 章 進階冒險箱——反向槓鈴策略， 小吳醫師用 10% 努力超越大盤的祕密	83

PART 3 更高的投資視野——資產輪動循環 Wealth Cycle

第 10 章 投資新視野——超越 10 倍大盤報酬的致富機會	94
第 11 章 小金庫策略——投資專家也忽略的懶人投資法	101
第 12 章 Wealth Cycle 終極週期——金融商品與實物資產循環	112
第 13 章 危機即轉機——泡沫崩潰背後的致富密碼	121
第 14 章 打破傳統——小吳醫師的 Wealth Cycle 資產池策略	128

PART 4 超越投資的視野——人生資本

第 15 章 從本質看財富——投資的目標是什麼？	142
第 16 章 人生 CEO 思維——經營你的財富與生活	151
第 17 章 打造投資飛輪——從專家外包到持續增長財富	162
第 18 章 從財富到內心豐盈——如何達到真正的人生平衡	168

PART 5　最終的視野──內在修煉

第 19 章　你必須知道的投資心理學　　*182*

第 20 章　克服漲跌，圓滿人生　　*195*

全書結語與精華　　*210*

PART

俯瞰投資佈局
—
掌握簡單有效的
投資法則

1

這是一個外科醫師的故事，主角姑且叫小林。小林每天奔波在手術室與病患之間，長期的職業壓力讓他時常感到身心疲憊。隨著年齡增長，他愈發渴望能提早退休，脫離這種高壓的生活節奏，享受更多與家人相處的時光。然而，儘管他有著可觀的儲蓄，他開始意識到光靠這些存款很難應對未來的通膨與生活開銷，這促使他開始考慮投資，試圖讓這筆錢為自己「工作」，幫他更快實現財務自由。

某天，小林參加了一場投資講座。一位分析師自信滿滿地展示了幾支成長股的驚人數據，並保證這是致富的捷徑。小林看著那些曲線攀升的圖表，內心不禁被激起了焦慮，心想：「如果我再不趕快行動，我是不是就會錯過這個機會？」

講座結束後，他腦海中滿是退休後的美好畫面——不用再熬夜值班，有更多時間陪伴家人和孩子。那一刻，他下定決心要投身股市，讓錢為他創造更多的自由。

最初，小林只投入了一小部分積蓄，股市的確如分析師所預言般一路上升。他看著自己的投資增值，內心充滿成就感，彷彿眼前的財富大門正在為他敞開。「我真是太聰明了！再漲一點，我就真的能靠這支股票賺大錢，提前過上自由自在的生活！」

然而，隨著市場開始波動，小林的信心開始動搖。每一次的下跌都讓他陷入深深的不安。他告訴自己：「再等等，肯定會反彈的，我不應該在這時賣掉。」

但每當股價進一步下跌，他的焦慮就加劇，「為什麼我不在高點賣掉？原本的機會現在全沒了，我該怎麼辦？」每晚，他輾轉難眠，頻繁打開手機查看股市變動，心裡不斷懷疑自己的決策。

妻子也開始注意到他的變化。曾經溫馨愉快的晚餐時光變得壓抑沉悶，談話內容也逐漸被投資話題佔據。孩子請求他陪玩，他卻拒絕了，只因為他要「再觀察一下市場」。股市的漲跌已經完全佔據了他生活的重心。

　　當股市再次回升時，小林一時衝動，決定加大投入。他將所有積蓄，甚至家中的一些資產全部押進股市，認為這是他翻轉命運的關鍵時刻。「這次，我一定能贏！」然而，市場的變化來得猝不及防，股市暴跌，他的資金一夜之間蒸發了一半。那天晚上，他徹夜未眠，腦海裡全是悔恨的聲音：「我怎麼這麼貪心？如果當初不那麼激進，現在不會這麼糟……！」

　　小林開始反思，這一切究竟是怎麼走到今天的。他原以為投資可以帶來財務自由，卻發現自己失去了生活的平衡，甚至影響了家庭的和諧。

"投資不只是賺錢，而是存錢買資產，打造你的「老闆錢包」"

　　小林的故事或許也讓你想起自己，或者你身邊的朋友。投資市場的波動無情，讓許多人在追求高回報的同時陷入了無盡的焦慮，怕買在高點，擔心股市崩盤。這種心態不僅損害了生活品質，也影響了投資決策。該怎麼解決就是第一篇要與你分享的內容。

　　我想與你分享，投資其實很簡單，重點不在賺快錢，而是「存錢買好資產」。當你將目光從短期獲利轉向長期資產積累，投資自然會變得輕鬆許多。你可以把自己看作是全球經濟的「老闆」，而你需要做的，就是打造一個「老闆錢包」

　　這個錢包有兩個口袋：一個是股票口袋，帶來較高的長期回報；另一個是債券口袋，在市場波動時提供穩定和安全感。兩個口袋適當搭配，就

是「資產配置」，這是達到財務自由的關鍵策略。

股票的波動雖然大，但回報高；債券的回報較低，但能穩住你的資產。透過合理的分配，你既能享受市場增長，又能在下跌時保持穩定，不用每天看盤焦慮。

與其追逐市場漲跌，不如專注於打造這個「老闆錢包」，讓股票和債券共同運作，創造穩定回報。這樣，你不僅能安心投資，還能有更多時間陪伴家人、專注工作，實現真正的平衡與自由。

Chapter 1
玩好投資遊戲的關鍵──從數學找到答案

自從我開始斜槓生活後，我還是會參加以前醫生朋友的聚會。每次聚會，必談的熱門話題之一就是──投資。A 醫師總是最熱情的那位，笑容滿面地說：「我最近買了代號 XXX 的股票，賺翻了！上次聚會不是提到嗎？你有沒有跟著買？」另一位醫師則會懊悔地說：「唉，沒跟上！下次有什麼好標的再告訴我。」

聽起來好像大家都在賺錢，投資似乎變得既簡單又刺激。但有趣的是，到了下一次聚會，A 醫師已經不再提之前那支股票，反而開始聊起最新的投資標的。而那位遺憾沒跟上的朋友，還是隨口附和，但其實下次也未必會真的行動。

這種情況我見多了，我不禁想：「他們真的賺錢了嗎？」從 A 醫師的表情看來，他上次誇口的股票可能並沒有帶來預期的利潤，甚至還可能賠了錢。

後來我發現，很多人的投資都是這樣。賺錢了就大肆炫耀，賠錢了則默默不語。這讓聚會變成了一場吹噓的遊戲，沒有人真正關心在賺賺賠賠之中，財富有沒有真的增加？他們有沒有確保自己長期穩定地在賺錢？

他們缺乏全局觀，沒有一個完整的投資系統來支撐他們的決策。而真正成功的投資，不該依賴運氣或直覺；投資應該是穩定且有策略的系統。當你擁有這樣的系統，投資會變得穩定到很無聊，無需炫耀──你會知道，無論市場如何波動，一切都在你掌控之中，穩步前進。

所以在斜槓與掌控一個新的領域，我一定會先尋找這個問題的答案：「**如何玩好這場遊戲？**」

"盲目投資只會淪為市場上的韭菜，任人宰割„

大多數人對這個問題的回答，往往是直覺性的，「投資不就是找到那幾支大賺的股票嗎？」這種想法非常普遍，畢竟誰不想靠幾次聰明的選擇就達成財務自由呢？然而，現實往往給這些想法一個狠狠的教訓。

投資遠比我們想像的要複雜。許多人對投資的規則只是一知半解，跟著朋友的推薦買股票，或者聽新聞熱點，甚至追隨一些知名投資人的「明牌」。這樣的行為看似有道理，但實際上是在賭運氣，而不是在進行真正的投資。

那麼，如果我們繼續這樣隨意投資，會有什麼後果呢？最直觀的結果就是，你的投資回報會像坐雲霄飛車一樣忽高忽低，毫無規律可循。原本應該是穩定累積財富的過程，變成了一場耗費精力的冒險賭局。

更糟的是，這種投資方式會佔用你大量的時間和精力。你必須時時刻刻盯著市場，試圖猜測下一步該如何操作。這樣的生活不僅讓你無法安心工作和生活，還會導致心理壓力不斷增加。每次股市波動，你的心情就會隨之起伏，甚至影響到你的健康和睡眠。最終，你原本設定好的財務目標——例如提前退休，或者為孩子的教育儲蓄，可能會變得遙不可及。

因此，停下腳步，重新思考如何玩好這場投資的遊戲，變得至關重要。如果你不了解這場遊戲的規則，也沒有找到一個穩定的投資系統，那麼你只是在盲目地追逐機會，最終只能像韭菜一樣被市場收割。

那麼，我們如何才能確保自己站在贏的那一邊呢？這本書將透過不同的視角，帶你逐步發現一條清晰、穩定的獲利之路。而這一切的基礎，源於一個簡單而強大的數學概念——「獲利公式」。

"理解投資的基本原理——「獲利公式」的力量"

投資的獲利，其實可以用一個簡單的公式來表達：

獲利＝投資本金 × 獲利率

看起來是不是很簡單？這個公式告訴我們，賺多少錢取決於你投入了多少本金，還有你的獲利率。這看似普通，但很少有人真正去深思這公式背後的關鍵，它其實揭示了投資成功的核心。

回想一下我們常見的投資方式：

- 找到未來會大爆發的公司
- 投資熱門產業
- 低點買進，高點賣出
- 根據技術指標精準操作

這些方法本質都在試圖追求高獲利率，但這裡有個常見的盲點——**高獲利率不等於能賺大錢！**

想一想，大家都以為找到一個好標的就是成功的關鍵，但這真的那麼簡單嗎？即使是巴菲特這樣的投資大師，長期年化報酬率約 20%，也曾經多次看錯投資，2000 年甚至虧了 44%，而當時整體股市大盤可是上漲了 32%。

更重要的是你無法預知未來，所以只追求高獲利率會讓你陷入困境，因為你無法預測與掌控獲利，更不用說高獲利項目往往伴隨虧損風險。

那我們回看獲利公式，它應該是「投資本金」乘以「獲利率」，所以不應該只是追求獲利率，卻忽視了更重要的一環——投資本金。真正能掌控的是你的投資本金，即使你的獲利率只有普通水準，但只要你的本金夠大，你一樣可以獲得不錯的回報。

讓我們看看兩個例子：

情境一：高超的投資技巧

假設你擁有每年 30% 的高獲利率，這看起來很棒吧？！但如果你的投資本金只有 100 萬元，那一年下來你賺的也只是 30 萬元。

情境二：普通的投資技巧，龐大的本金

現在假設你的投資技巧只是普通水準，年獲利率只有 8%，但你的本金有 500 萬元。這樣一年下來，你可以賺到 40 萬元，遠超過前面的情境，更不用說很多投資者投資部位超過千萬的本金。

所以，真正重要的是投資本金，而不是一味追求高獲利率。當然，你可能會問：「可是我的資金沒那麼大，該怎麼辦？」別擔心，這個問題我們會在其他章節中詳細討論如何提高獲利率，這裡要強調的是「**先把焦點放在你能掌控的東西上**」。

本書的核心是教你如何用最少的努力，玩好投資這場遊戲。所以透過獲利公式，我們要知道**第一條重要的投資守則：著眼於你能掌控的東西——擴大你的投資本金**，這比每天試圖尋找哪幾支高獲利的股票要簡單得多，也輕鬆得多。

"兩種投資策略：主動與被動"

其實獲利公式已經透露，投資只有兩種核心策略：

1. 主動投資

主動投資需要你花很多時間和精力來提升投資技巧，提升你的獲利率。你要學會挑選好的投資標的，並且隨著你的信心增加，逐步加大投入。主動投資非常依賴你的研究能力和準確的決策，可能涉及到你對股票的分析、趨勢的判斷等。雖然潛在的回報高，但這需要你一直關注市場動態，是一個需要高投入的策略。

2. 被動投資

相比之下，被動投資就簡單得多。這種策略的核心是：放大你的投資本金。你不需要去選擇個別股票，只需購買大盤指數基金，然後持續投入資金。大盤指數代表了市場的整體走勢，長期來看，市場會呈現增長趨勢。只要你相信市場的長期發展，就能穩定獲得合理的回報。

這兩種策略的關鍵差別在於「時間和精力的投入」。主動投資需要你不斷研究市場和個別標的，完善你的投資策略；而被動投資則讓你輕鬆得多，你只需相信市場的長期增長，並且持續投入資金。

那麼，接下來你要面臨投資最重要的選擇：**你應該選擇主動投資，還是被動投資？**

在回答這個問題之前，我們先來看看一個投資項目背後的結構。

投資項目的三個層次

很多人一開始進入投資時，都以為只要挑中一支大賺的股票就能成功，但其實投資的結果受到三個層次的影響，而每一層都會左右最終的回報。

1. 公司基本面

這是最基礎的層次，包括公司的財務狀況、營運質量、成長潛力、業務表現等。許多投資者會花大量時間在這一層次挑選個股。

2. 產業的興衰週期

公司的表現與產業興衰息息相關。即使公司本身不錯，若整個產業衰退，也難以有好的表現。

3. 全球經濟週期

這是最廣泛影響的層次。全球經濟的波動會影響所有產業和公司。在經濟

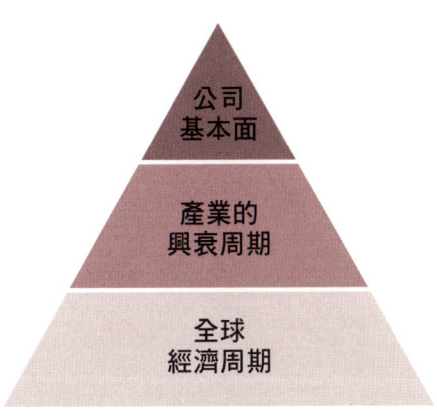

▶ 圖 1-1 投資項目的三個層次。

資料來源：作者整理

繁榮時，很多公司表現得不錯；但在經濟衰退時，即便是最優秀的公司與產業也會遭遇挑戰。

如圖 1-1，這三個層次是一個金字塔，最底層是全球經濟，支撐著上面的產業和個別公司。

現在你可以理解，挑選一個好的個股或產業其實是非常困難的。你不僅要了解公司的營運和財務狀況，還要考慮整個產業的興衰，甚至要預判全球經濟的走向。這就像要掌控每一個變數，稍有疏忽，就可能讓你的投資陷入困境。

思考一下，這些層次帶來的變數多麼龐大。即使你深入研究一家公司，並且認為它的未來光明，如果整個產業或者全球經濟陷入衰退，那麼再好的公司也會受到影響。這就是為什麼依賴挑選個股來獲利，是一件相當有挑戰的事情。想靠它來獲利，但更有可能會誤判反而賠錢。

"當你拉高視野──選擇被動投資"

因此，當你只專注於挑選個股或特定產業時，就像是眼睛貼著地面觀察，而忽略了宏觀的全局。這樣狹隘的視角，可能讓你錯過全球經濟的整體趨勢。當

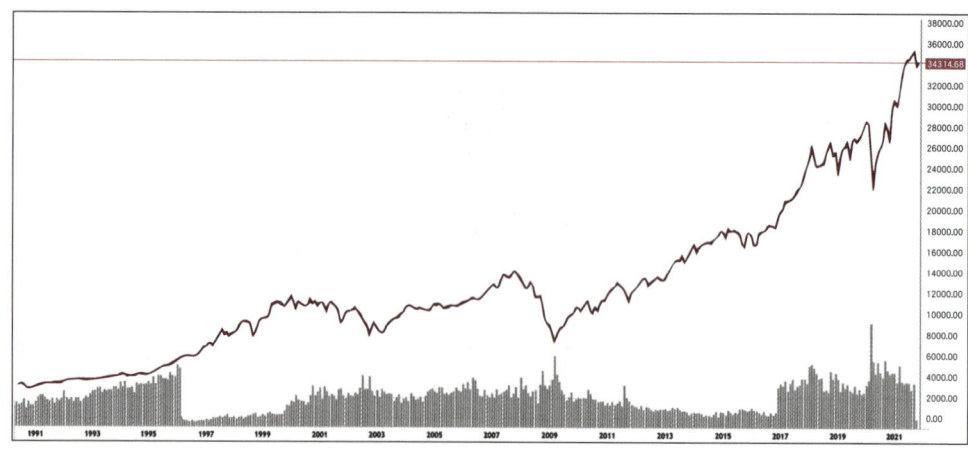

▶ 圖 1-2　近 30 年道瓊指數走勢

資料來源：TradingView

你站得更高、看到整體時，你會發現最穩定、最輕鬆的投資方式，其實是直接參與全球經濟週期。但別誤會，我並不是要你去學習總體經濟，預測全球經濟的走向，因為這非常困難。

有一句話說得很好，「股市是經濟的晴雨表」。股市會領先反映經濟變化，所以依賴落後的經濟數據來預測股市，你還是會遇到無法掌控這場遊戲的問題。

最少的努力，穩定的回報

要參與全球經濟週期，最簡單且有效的策略就是被動投資，相信市場的長期增長，並持續投入大盤指數基金。這樣做的好處是，你自動參與了全球經濟的增長週期。你不用時時刻刻盯著市場走勢，也不用擔心某家公司的波動影響到你的整體回報，市場自然會帶來穩定的回報。為什麼呢？

因為長期來看，市場總是向上發展。歷史數據顯示，儘管短期內市場波動難以預測，但從整體來看，市場總是會增長。打開美股的大盤指數──道瓊指數的歷史走勢圖，你會看到過去 30 年，它呈現出穩步上升的趨勢（見圖 1-2）。

PART 1　俯瞰投資佈局──掌握簡單有效的投資法則

購買大盤指數基金，就相當於你將自己的投資交給了全球經濟的增長力量，讓你在市場中能夠輕鬆安心地獲得回報。這就像你建立了一個「老闆錢包」，你成為了全球經濟的老闆，把你賺到的每一分錢投入這個錢包裡，讓它自動幫你增值。這是單一股票無法提供的穩定性和保障，這種策略既簡單又能帶來長期穩定的收益。

研究顯示，長期超過 20 年的投資時間裡，95% 以上的投資經理人都跑輸大盤指數。巴菲特也曾建議，一般投資者應該直接購買標普 500 的指數 ETF（Exchange-Traded Fund, 指數股票型基金），因為這是最有效的長期投資方式。

對於那些沒有太多時間深入研究個別股票，或者不想每天緊盯市場新聞的投資者來說，被動投資是一個理想的選擇。這樣做，你不需要分析財報、不必花太多精力在市場變化上，這大大釋放了你的時間，讓你可以專注於其他生活中的重要事物。

由於股市在長期內總是向上增長，所以你可以放心投入足夠大的資金，無需擔心投資歸零的風險。除非世界經濟崩潰，否則不會有鉅額虧損。這完全符合投資的第一守則。

因此，小吳醫師選擇被動投資作為我的投資系統基礎，並從中發展出其他進階策略。

你會選擇哪種策略？

現在，你要在主動投資和被動投資之間做出選擇。如果你有充裕的時間，並且願意深入研究個股、應對市場很多變數、承擔可能誤判賠錢的風險，那麼主動投資可能適合你。但如果你希望能用最少的努力與時間，輕鬆獲得穩定的回報，那麼被動投資會是更好的選擇。

下一章我將分享如何建立「老闆錢包」，讓你成為全球經濟的投資者，用最少的努力實現財富增長。

Chapter 2

老闆錢包——
最簡單的穩健收益策略

接著，我將帶你了解如何打造屬於你的老闆錢包。在此之前，我們要先明白這個策略成功的關鍵。在上一章中，我們已經提到過投資守則一：擴大你的投資本金。這比每天試圖挑選幾支高獲利的股票要簡單得多，也輕鬆得多。

明白這一點後，你會發現最輕鬆的投資方式就是：選擇好的資產，投入足夠的本金，並持之以恆。這樣你就能長期穩定地賺到錢。因此，投資中非常重要的一點是：**你必須能夠預測你投資的長期回報率。**

"掌控資產長期回報，資金就能穩定增值"

但是，很多投資人往往忽略了最基本的這一點，他們不清楚自己所投資的資產到底會帶來什麼回報，甚至無法準確估計風險。這樣的情況將導致他們在市場波動時徹夜難眠，無法安心投資。

為了玩好這場投資遊戲，解決這個問題其實並不難，只要理解每種資產都有其特定的「長期報酬率」和「價格波動性」，你可以用「報酬率」來預測你的投資長期表現，同時用「波動狀況」也能知道自己在面臨什麼風險。

換句話說，不是靠運氣選股，你不是在賭哪支股票會大漲，而是擴大你的視野，從整體上俯瞰資產的長期回報，確保資金能夠穩定增值。讓我們看看圖 2-1，這是股市、債券、黃金、物價指數（CPI）在過去 200 年的長期報酬率表現。

你會發現，股市在長期內遠遠超過了債券、黃金和物價指數的表現。假如你在 1802 年投資 1 美元於股市，並且將股息再投資，到 2006 年底，你的投資將

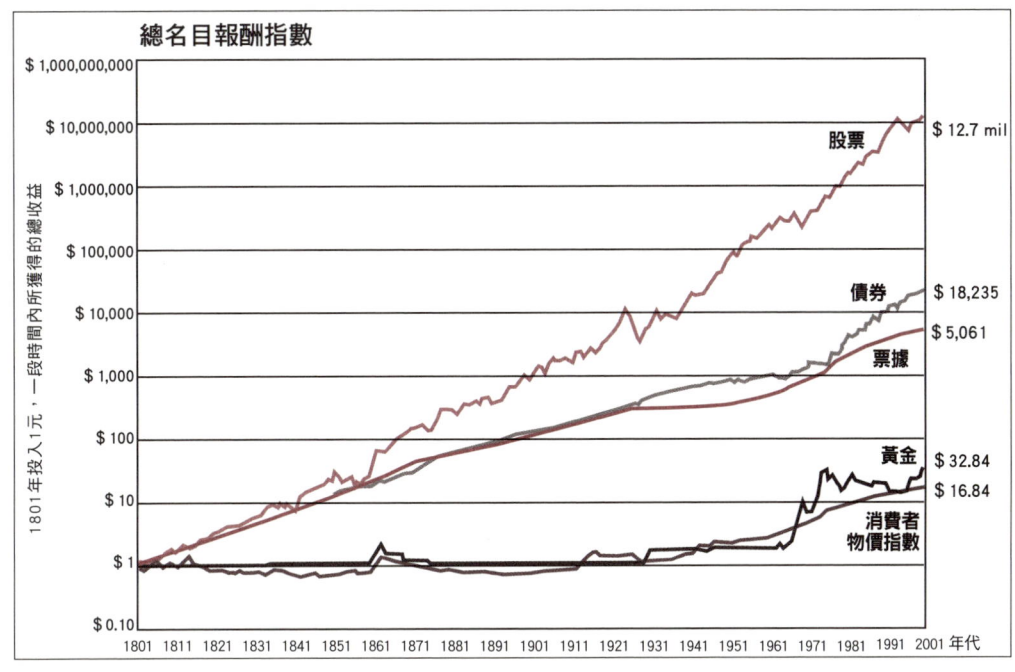

▶ 圖 2-1　1802 年～ 2006 年股市、債券、黃金、物價指數（CPI）的投資報酬率變化。
（橫軸是年代，縱軸是 1801 年投入 1 元，一段時間內所獲得的總收益。）
資料來源：《Stocks for the Long Run》2007 第四版，Jeremy Siegel

會增值到 1,270 萬美元。這相當於每年 6.7% 的平均報酬率（經過通膨調整後）。

相比之下，黃金的表現基本上與物價指數同步，如果 1802 年投資黃金 $1 元，長期報酬有限（關於黃金的深層意義，這是整本書最關鍵的投資祕密，我將在第三篇中詳細討論，它揭示了突破指數化投資的祕密）。

這意味著什麼呢？這告訴我們，**每種資產都有其固有的長期報酬率，成功不取決於選股的運氣，而是取決於你是否選擇了正確的資產並堅持長期投資，透過複利累積，就能達成驚人的報酬。**

因此，你還會想辛苦研究個別股票嗎？擔心公司會倒閉？還是選擇勇敢地投入股市大盤，並持續進行簡單的被動投資更好？

那些在牛市中賺錢的「少年股神」真的厲害嗎？如果你在牛市期間賺到錢，那很可能只是因為大膽投入股市做更大槓桿的操作，並且運氣好，大盤整體在漲，而不是你選股特別成功。

因此，要耗費心力在選股策略上，還是提高你的視野，專注於簡單且高效的長期投資策略？這是值得你深思的問題。

"長期投資的最大挑戰：如何在崩盤時仍能穩抱資產安心睡覺„

當我們知道不同資產有自己的長期報酬率，而且股市長期來看會帶來驚人的利潤，是否應該全押（ALL IN）進股市呢？答案並不那麼簡單。要理解這一點，必須先知道股市的三個事實：

事實1：市場回調是無可避免的，平均每年一次

雖然市場長期上漲，但每年都會經歷價格下跌的回調：自1900年以來，市場平均每年都會發生一次小幅回調。這意味著在你的投資生涯中，你將不止一次面對市場的下跌，這是投資中的常態，就像四季更替一樣自然。

事實2：熊市的威脅是真實存在的，平均每3～5年一次

熊市是指大盤指數價格下跌超過20%以上，而歷史數據顯示，美股熊市平均每3到5年就會來一次。在熊市期間，市場平均下跌幅度可達33%，其中超過1／3的熊市跌幅超過40%。換句話說，在熊市中，你的投資可能會縮水近一半，這種劇烈的下跌足以讓任何投資者感到痛苦和恐懼。

事實3：恐慌性拋售，讓你錯過市場反彈機會

在市場下跌時，新聞和周圍人的焦慮往往會引發投資者的恐慌性拋售，試圖避免更大的損失。然而事實證明，這樣的恐慌拋售往往會導致錯過市場反彈的機會，離開市場減少報酬，最終加劇了損失。

想想你或你的朋友是否曾因為恐慌賣出，結果賣在了市場底部，接著眼睜睜看著價格反彈快速上漲，再創新高，最後後悔莫及？

所以，儘管很多人理性上知道股市長期會上漲，但市場劇烈波動時，卻常常無法堅持住，焦慮與恐慌往往影響了決策，導致提前賣出，難以安心持有資產。這時候，老闆錢包策略就成了投資穩健成長的重要工具。

"老闆錢包：度過崩盤危機的最佳策略"

想像你是一位經營公司的老闆，你會把所有的資源和目標都押在單一產品上嗎？除非你對這個產品有極大的把握，否則這樣做就像是在賭博，一旦失敗，你的公司可能會遭受巨大的打擊。

所以，大多數老闆會採取「兩手策略」：

- **第一手策略：** 把資源投入到那些看好且有潛力帶來豐厚收益的產品上。這些產品或項目有可能大賺錢，但伴隨的風險也較大。

- **第二手策略：** 同時保持一些穩定的收入來源，這些資產雖然不是高獲利，但可以幫助公司度過困難時期，維持現金流，確保公司不至於在市場環境不佳時陷入危機。

這其實就是我們在投資中經常提到的「資產配置策略」。你可以將部分資金配置到高風險、高回報的股票市場，同時將另一部分資金配置到穩定且低風險的資產，如債券或現金。當市場崩盤時，雖然你的股票資產可能下跌，但穩定資產能幫助你穩住財務，讓你安心度過市場波動期。

運用資產配置的策略，將能有效幫助你在市場波動時，保持冷靜、堅定地持有資產，而不是因為短期的震盪而做出錯誤的決策。

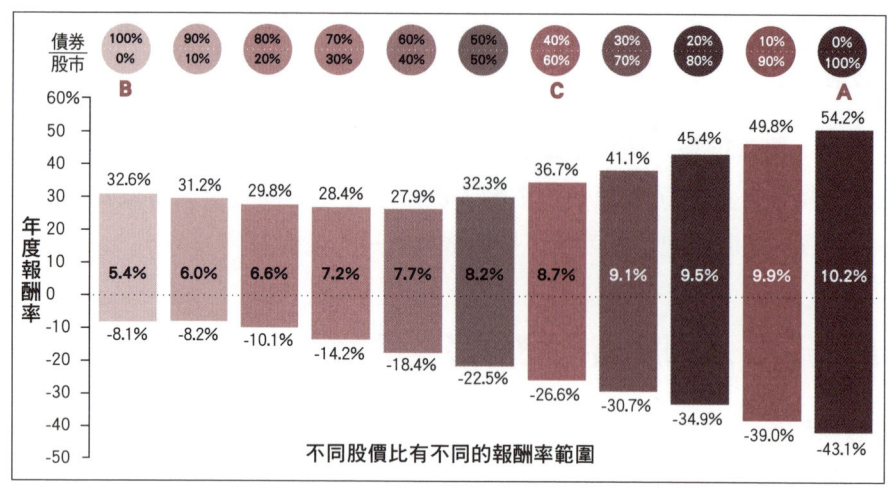

▶ 圖 2-2　1926 年到 2016 年之間，股票和債券市場不同比例配置的長期表現。
（縱軸是獲利的回報，橫軸有兩個顯示：上方圓形顯示股市與債券搭配比例，下方柱狀圖顯示不同股市與債券搭配下，每年上漲與下跌的變化比例。柱狀中間數字代表長期平均報酬率。）

資料來源：Vanguard

讓數據告訴你資產配置的重要性

我們來看看一個非常重要的數據圖表，圖 2-2。這張圖表研究了從 1926 年到 2016 年之間股票與債券不同組合搭配的長期表現，這些數據揭示了不同資產類別的長期報酬與風險的關係。

假設你將 100% 的資金投入股票，這是圖中最右邊的情況（A），長期下來，你可以獲得約 10.2% 的平均回報率。但要注意的是，這並不意味著每年都能賺到這個數字，因為股市有著極大的波動性。最好的情況下一年可以賺 54.2%，而最壞的情況下一年可能會虧損 43.1%。

如果你投入 100% 在債券中呢？就是最左邊的柱狀圖（B）的狀況，你會面臨較小的風險，長期平均回報率約為 5.4%。雖然報酬比股票低得多，但風險也小很多。最好的年份你可以賺到 32.6%，而最壞的年份虧損僅為 8.1%。

接下來是一個經典的 60 ／ 40 資產配置策略（C），即 60% 的資金投資於

股票，40% 投資於債券。這樣的組合長期來看，平均報酬率約為 8.7%，但波動風險則大幅降低，價格波動在 ＋36.7% 和 －26.6% 之間。

這些數據告訴我們幾個重要的事情：

1. 股票的回報較高，但波動性大。當市場下跌時，可能會面臨巨大的損失。

2. 債券的回報較低，但風險也小得多。它能夠在市場低迷時，提供一個穩定的避風港。

3. 當你擔心市場崩盤時，加入更多保守型資產，如債券，雖然報酬率較低，但可以幫助你降低波動，讓你更安心度過股市波動的恐懼期。

4. 當你想提高回報，就加入更多股票，但相對波動與下跌風險就會變大。

所以你擔心股市崩盤，下跌 40% 會擔心到睡不著覺，會忍不住賣出的話，只要搭配多一點保守型債券，就能讓下跌程度變小，讓自己更容易度過股市下跌的恐懼！

而這種股市與債券不同資產的搭配就是我們的資產配置，這是老闆錢包的核心概念。這本書可以說是小吳醫師在每個篇章中用不同的視野對「資產配置」重新理解的一本書。

"老闆錢包2個口袋：股票口袋與債券口袋"

到目前為止，我相信各位讀者已經知道了老闆錢包重要核心觀念「資產配置」，你應該能理解老闆錢包會有兩個口袋：第一個是攻擊型資產，另一個是防守型資產。這樣既簡單又可以讓你同時用更宏觀的視野看待你的投資。

- **攻擊型資產**：高報酬，但常常是高風險的資產，我們希望透過它來獲利。

- **防守型資產**：穩健或固定報酬的資產，以波動小、較低風險的資產為特點，我們希望透過它來平衡攻擊型資產的下跌風險。

▶ 表 2-1　常見的資產類別

攻擊型資產	防守型資產
股票	政府債券
高收益債券（垃圾債券）	投資級公司債券／市政債券
新興市場投資	黃金
風險資本和私募股權	定存和儲蓄帳戶
加密貨幣	貨幣市場基金

資料來源：作者整理

　　如何選擇適合你的資產配置就是一門大學問，包括：要符合你的投資目標、你的風險承受能力、你的年紀與距離退休的年齡。而如何選擇資產與調整配置比例在其他篇章有論述，現在我們先簡化邏輯，在下一章先來理解如何打造最核心的老闆錢包：股票口袋與債券口袋。

Chapter 3 打造老闆錢包的六大步驟

打造老闆錢包其實非常簡單，只需要六個步驟就可以了。

"第一步：找到你的風險承受度„

每個人的風險承受能力都不同，有些人能從容應對市場下跌的波動，而有些人則會感到極大的焦慮。因此，打造老闆錢包的第一步，就是思考：「我能接受多少比例的資產下跌？」

這是一個非常個人化的問題，沒有標準答案。你能承受多少下跌風險？是 10%？20%？還是 30%，甚至 40%？這完全取決於你自己的心態與財務狀況，並且可以隨著實際投資過程進行調整。

當你確定了可以承受的下跌比例後，接下來要換一個角度，用絕對數字來再想一次。這是什麼意思呢？

假設你設定的風險承受度是 20%，你的投資本金是 100 萬元，這意味著在市場下跌 20% 的情況下，你可能會損失 20 萬元。這筆損失你能接受嗎？許多人可能會覺得還能承受。

但是，假如你的投資本金是 1000 萬元呢？這時 20% 的下跌將意味著你會損失 200 萬元！這是不是開始讓你感到不安了？我相信這時，許多人就會猶豫了。實際上，當資金真的進入市場，看到虧損達到 40～50 萬元時，很多人會不由自主地考慮賣出資產。

因此，風險承受能力不僅僅是看比例，還要看絕對數字。在投資前，你必

須仔細思考，了解自己對不同程度損失的心理反應，並與自己對話：當損失真的發生時，我能夠心態平穩地應對嗎？當你確定了適合你的比例數字，才能進一步決定如何配置你的資產。

"第二步：找出適合的股／債配置"

你確定好自己能承受的下跌風險後，接下來就是參考第二章的圖 2-2，找出最適合你的資產配置比例。只要對應圖中的最大跌幅數字，你就可以輕鬆找到適合的股／債配置比例，並預測你的長期報酬率。

這就是老闆錢包的運作方式：兩個口袋，一個是「股票口袋」，屬於攻擊型資產；另一個是「債券口袋」，屬於防守型資產。

假設你有 300 萬元的投資資金，選擇 50／50 的股債配置，那麼你就需要將 150 萬元投入「股票口袋」，150 萬元投入「債券口袋」。根據這樣的配置，你可以預期年化報酬率大約是 8.2%。

"第三步：購買合適的口袋產品"

當你確定了兩個口袋的資產配置比例後，下一步就是挑選適合的口袋產品。這裡我們重點強調老闆錢包買的是「標竿指數」產品，也就是追蹤整體市場表現的 ETF 指數型基金，如標普 500、MSCI 世界指數和道瓊指數等。這些大盤指數 ETF 可以幫助你以較低的成本進行分散投資，並有效降低風險。

如果你想進行全球股票的分散投資，常見的口袋選擇有兩種：

1. **單一配置**：你可以選擇像 VT 這樣的全球股票 ETF（VT 是美股的投資代號，實際細節可參閱註）。

2. **雙重配置**：你也可以將美國市場和國際市場分開投資，選擇 VTI（涵蓋美國所有市值類型的股票）和 VXUS（涵蓋美國以外的國際市場）各佔一半，這

樣就形成了一個全球型的投資配置。

在債券配置上，同樣有兩個選擇：

1. **單一配置**：選擇像 BNDW 這樣的全球債券 ETF。
2. **雙重配置**：將美國國內債券 BND 與國際債券 BNDX 組合，這樣既能覆蓋美國市場，也能覆蓋國際市場。

	股票口袋 （攻擊型資產）	債券口袋 （防守型資產）
單一配置	VT	BNDW
美國＋其他國際市場配置	VTI ＋ VXUS	BND ＋ BNDX

比如，像我剛進入投資市場時，就採用了股債 50／50 的配置方式，分別購買了 50%VT 和 50%BNDW。當然不一定要購買我推薦的產品，隨著時間變化，你也可以定期根據同樣的原則，選擇成本更低或者更能反映全球市場報酬的 ETF。當你選定口袋產品後，你的老闆錢包兩個口袋的規劃就完成了。

"第四步：選擇合適的券商„

選定好口袋產品後，接下來就是要找券商購買產品。在選擇券商時，你可能會遇到一個問題：應該選擇國內的券商，還是海外的券商呢？以下三個考量因素可以幫助你做出決定：

1. 券商的規模和聲譽

選擇一個具有良好聲譽和規模的券商非常重要。國內券商通常更容易聯繫和溝通，服務也更符合本地需求。而海外券商（如嘉信理財、第一證券）可能提供更豐富的投資選擇和更低的手續費。

2. 投資金額和交易成本

如果你的投資金額較大，選擇海外券商可能更划算，因為許多海外券商已經實行免交易手續費政策。但需要注意的是，海外匯款和電匯可能產生額外費用。如果你的投資金額較小，或希望每月以小額資金定期定額投資，使用國內券商的複委託服務可能更適合。

3. 資金安全性和稅務考量

將資金存放在國內，通常讓投資者更感安心，資金管理和監控也更方便。而在海外投資，特別是美股投資時，資金存放在海外，有人認為這是分散資金風險的好方法，但同時也需要面臨海外股利預扣稅等稅務問題。因此，需要權衡利弊。

最終如何選擇，取決於你的個人情況以及當時的手續費、匯費等條件。建議你與當地的理財專員討論，並比較不同券商的服務和費用，找到最適合自己的方案。

"第五步：開始持續投資你的老闆錢包"

當你選定了投資產品和券商後，就可以開始將資金投入你的老闆錢包。關鍵在於保持紀律，制定持續的理財計劃。每個月你應該將收入的一定比例投入到你的老闆錢包中，並堅持不懈地執行。

正如我們在投資守則一中提到的，「投資的成功來自於持續的資金投入與時間的累積，而非短期的市場預測」。每月穩定投入能讓你的資產隨著市場的自然增長不斷增值，這正是被動投資的核心精髓。

"第六步：每年定期再平衡並堅持不懈"

最後一步是每年固定檢視你的老闆錢包，執行再平衡。

再平衡目標：50% 股票口袋和 50% 債券口袋					
	股票口袋 (VT)	債券口袋 (BNDW)	股票資金	新資金	總資金
原始投資	150 萬	150 萬			300 萬
一年後變化	120 萬	157.5 萬	9 萬	20 萬	306.5 萬
結果	153.25 萬	153.25 萬			
再平衡動作	其餘資金買入股票	賣出 4 萬 BNDW			

步驟一：先加總全部資金

步驟二：算出股債口袋預計金額

步驟三：對比差額，算出如何買賣口袋

▶ 圖 3-1　再平衡步驟解說。　　　　　　　　　　　　資料來源：作者整理

　　再平衡就像管理老闆錢包的兩個口袋。隨著時間推移，股票口袋可能漲得多，債券口袋相對較少，這打破了你原本的平衡。再平衡的目的是把多出來的錢從一個口袋放回另一個口袋，讓比例恢復到最初設定，確保錢包穩定、安全，並避免過度風險。這中間不帶有個人情緒，只是單純機械操作。

　　例如，你的投資組合是 50% 股票和 50% 債券，總資金 300 萬。如果一年後，股票大跌 20% 變成 120 萬，債券上漲 5% 變成 157.5 萬，加上有 9 萬股利現金。這時你的組合比例就改變了，再平衡就是你需要賣出一部分債券，連同股利現金買入股票，將比例恢復到 50% 股票與 50% 債券比例。

　　如果此時你還有額外的資金要投入，例如 20 萬，那最簡單的方式是先將目前的總投資部位加總，再重新計算股債應該持有的金額，並根據結果進行買賣操作，如圖 3-1。

　　在上述例子中，目前總投資部位為：120 萬 VT ＋ 157.5 萬 BNDW ＋ 9 萬股利現金 ＋ 20 萬新資金 ＝ 306.5 萬（步驟一）。按照 50／50 的比例，你應該在 VT 和 BNDW 各投資 153.25 萬（步驟二），因此你只需要賣出 4 萬 BNDW，再把這筆金額用來買入 VT（步驟三）。

這樣的操作只是簡單的數學計算，不帶情感，讓你自然低買高賣，並且在市場波動中保持投資組合的穩定，降低風險。

這裡有個小提醒：隨著你的風險承受能力、年紀或工作收入的變化，因此你的兩個口袋比例可能需要調整，所以這六個步驟應該定期檢視和調整你的資產配置比例。

當你完成這六個步驟，恭喜你，專屬於你的老闆錢包就已經打造完成了。這看似簡單，但正因為簡單，它才更值得信賴。透過老闆錢包，你就不需要每天擔心市場的波動，長期還能穩步增長你的財富。

註：什麼是 VT、VTI、VXUS、BNDW、BND 和 BNDX？

這些代碼代表的是不同的 ETF，它們是由知名的先鋒領航投資管理公司（The Vanguard Group）推出的產品。這些 ETF 旨在幫助投資者以簡單、低成本的方式進行分散投資。

- **VT（全球全市場股票 ETF）**：VT 是 Vanguard Total World Stock ETF 的代碼，追蹤全球股票市場，投資於各國的大小型公司。透過 VT，你能參與全球市場，從美國的蘋果到中國的阿里巴巴都囊括其中。

- **VTI（美國全市場股票 ETF）**：VTI 是 Vanguard Total Stock Market ETF 的代碼，專注於美國市場，涵蓋所有美國上市公司，從大型到小型股。這是一個簡單的方式參與美國市場的整體增長。

- **VXUS（美國以外的國際股票 ETF）**：VXUS 是 Vanguard Total International Stock ETF 的代碼，投資於美國以外的全球市場，涵蓋發達國家和新興市場。VXUS 幫助你分散風險，把握全球經濟的成長機會。

- **BNDW（全球債券 ETF）**：BNDW 是 Vanguard Total World Bond ETF 的代碼，涵蓋全球政府和公司債券，分散債券投資的風險。BNDW

適合希望投資全球債券市場的投資者。

- **BND（美國債券 ETF）**：BND 是 Vanguard Total Bond Market ETF 的代碼，投資於美國的政府和公司債券，提供穩定的收益，是保守型投資者的理想選擇。

- **BNDX（國際債券 ETF）**：BNDX 是 Vanguard Total International Bond ETF 的代碼，投資於美國以外的國際債券市場，並進行貨幣對沖，減少匯率波動的風險。

Chapter 4
掌握核心法則——
輕鬆擊敗 90% 操盤手的投資心法

打造你的老闆口袋其實很簡單，一點都不難。事實上，投資系統與策略越簡單越好。然而，簡單並不等於容易，因為投資過程中，你會受到各種外界雜訊的干擾。最常見的誘惑就是加入主動投資策略的雜質，這可能會讓你脫離長期持有大盤的初衷，進而無法達成預期的長期報酬。

為了確保你能穩定地取得預期回報，有五個重要的核心原則必須遵守。如果脫離了這些原則，你可能會偏離正軌，甚至無法達到應有的投資結果。

這五大原則如下：

1. **選擇低成本的全球型大盤 ETF**：避免高成本的投資產品，選擇能追蹤全球市場表現的 ETF。

2. **分散投資**：不要把所有資金壓在單一市場或資產，這樣可以降低風險。

3. **資產配置**：確保你的投資組合合理平衡，以應對市場波動。

4. **長期投資（買入並持有）**：耐心等待市場長期增長，避免短期波動影響你的決策。

5. **再平衡**：定期調整你的資產組合，保持初始的風險與收益比例。

"選擇低成本的全球型大盤ETF„

為什麼要選擇「低成本的全球型大盤 ETF」呢？這裡有兩個關鍵詞，一個是「低成本」，另一個是「全球型」，讓我們一一來看。

首先，「全球型」是指投資全球型大盤指數的 ETF，這能幫助你在全球各個國家分散風險，並從全球經濟增長中獲取回報。這種投資策略使你不僅僅依賴於單一市場的表現，反而能利用全球不同市場的機會來穩定你的投資。

　　其次，另一個關鍵詞是「低成本」。低成本在投資中至關重要，因為投資的各種費用會直接影響你的收益。企業成長時，不僅要努力增加營收，還要控制成本，而降低成本往往比增加營收來得容易。投資也是同理，資產的增值可能有一定的上限，但成本是你可以直接控制的因素。

　　還記得我們這本書的宗旨嗎？教你如何用最少的努力獲取回報。同樣地，在投資中，降低成本是最直接的增益方式。如果你選擇高費用的產品，即使投資績效很好，手續費和管理費可能會讓最終到手的利潤大打折扣。

　　被動投資的最大魅力之一，就是它通常費用低廉。因為你不是請專業經理去挑選個股，只是簡單地跟隨市場，這樣的管理成本自然更低。然而，千萬不要忘記低成本的挑選原則，因為這對長期收益有著極大影響。

"分散投資原則"

　　大家都很容易理解分散投資的概念：不要把所有的雞蛋放在同一個籃子。如果你把投資分散到幾個彼此不相關的項目上，這樣可以大大降低整體風險。

　　雖然這個概念很好懂，但在實際執行上，我們卻常常忽略真正的分散投資。為什麼會這樣呢？原因在於分散投資其實有三個層次，而這些層次往往在實際操作中被錯過了。

1. 分散不同的投資類型

　　這是最基礎的分散投資。不要把所有的錢都投在同一類型的資產中，比如全部買股票。你可以將資金分散到不同的投資類型中，例如股票、債券、房地產或現金。這樣，即使某一類型的投資表現不佳，其他類型的投資還能幫助你平衡損失，避免整體投資出現大幅下跌。

2. 分散資產內部的類型

在每一類資產類型內部也要進行分散，把資金分散投資於多家公司、不同產業。

3. 分散全球不同市場與國家

全球經濟發展不均衡，將投資分散到不同國家的市場中，可以讓你受益於全球經濟增長，並且降低單一國家經濟波動帶來的風險。如果你只專注於單一國家，一旦經濟不穩定，你的整體投資可能會受到嚴重影響。

許多投資者犯的一個常見錯誤，就是追逐熱門產業或特定策略的 ETF，認為這樣能賺更多錢。例如，近年來 AI 和電動車產業的 ETF 很受歡迎，許多投資者看到短期的高回報，就把大量資金投入其中。然而，這種做法其實違反了分散投資的原則。一旦這些熱門產業遇到逆風，相關的 ETF 也會遭受重創，進而嚴重影響整體投資績效。

另一個常見的錯誤是過度集中於單一國家的市場。很多人因為熟悉自己的國家市場，忽視了全球市場的機會。這會讓你承受更多本國經濟和政策變動的風險。如果全球市場表現良好，而你所在的國家表現落後，你可能會錯失更大的回報。

最後，有些投資者依賴當時的強權市場，像美國股市，認為這是最安全的選擇。然而，沒有任何市場是萬無一失的，即便是美國這樣的強勢市場，也可能在特定時期遭遇風險。如果只依賴單一國家市場，當風險來臨時，你的投資將面臨重大損失。

因此，最好的策略還是分散投資，不僅在產業上要多元化，也要在國家市場和資產類別上進行分散。老闆錢包的口袋產品千萬別看那麼簡單，選項非常少，但都是精心挑選過，符合分散原則，因為這樣才能更好地應對市場波動，確保長期穩定的回報。

"資產配置"

在上一章，我們解釋了什麼是資產配置，現在，我們來強調資產配置的核心——平衡。

想像你正在準備一頓大餐來款待朋友，你不會只準備一道菜，而是會提供各式各樣的選擇，以確保每個人都能找到自己喜歡的食物。資產配置的概念就像這頓大餐，你需要將資金分散到不同的資產類別，如股票、債券、現金和房地產，來達到風險與回報的平衡。

股票像是主菜，風味十足（高回報），但有時也可能太辣（高風險）。債券像是湯，溫和穩定，風險小但回報也低。現金像水，幾乎沒有回報，但最安全。房地產和黃金等實物資產則像特色菜，有時帶來驚喜，也有時會增加挑戰。

資產配置的關鍵在於平衡。就像你不會讓朋友只吃一道菜，你也不應該把所有的資金投放在一個資產上。當某一類資產表現不好時，其他資產的表現可以幫助減少損失，保持整體投資的穩定性。

這就是資產配置平衡的重要性：它像一桌豐富的大餐，讓你的投資既多元，又能兼顧回報與風險。

資產配置好處：投資中的免費午餐

知名的投資專家，橋水基金創辦人瑞·達利歐（Ray Dali）說過：

「親愛的讀者，這就是我們永遠不應忘記的深刻見解：必須規劃資產配置，以確保我們即便判斷失誤也能安然無恙。

資產配置就是建立包含不同類型投資產品的正確組合，使其多樣化，從而減少風險，實現回報最大化。」

「減少風險，實現回報最大化」這句話值得我們仔細品味，讓我們回顧圖 2-2 中的股債配置，我把數據整理成了一個表格，幫助你更直觀地理解，參見表 4-1。

▶ 表4-1 股票和債券市場不同比例配置的長期表現

	長期平均報酬 %	最大下跌 %
100% 股票	10.2	43.1
100% 債券	5.4	8.1
理論上 100% 股票和 100% 債券平均值	（10.2＋5.4）／2＝7.8	（43.1＋8.1）／2＝25.6
50% 股票／50% 債券	8.2	22.5

資料來源：作者整理

其中我特地把 100% 股票和 100% 債券他們的數字分別平均，得到第三列的理論上平均數字，長期平均報酬理論值應該是 7.8%，最大下跌理論值為 25.6%。

然而，實際上 50／50 的股債搭配不僅能帶來更高的回報 8.2%（高於理論值 7.8%），還能顯著降低下跌風險，最大下跌 22.5%（低於理論值 25.6%）。

這代表什麼？這就是資產配置的魔力：透過股票與債券的合理搭配，我們可以實現「1＋1＞2」的效果，不僅提升了回報，還減少了風險。

諾貝爾獎得主哈里·馬科維茨（Harry Markowitz）的研究也證實了這一點：當資產在不同類別間分散投資，可以在不增加風險的情況下提升投資組合的回報。分散投資因此被視為投資中的「免費午餐」。

研究顯示，約 91.5% 的報酬率是來自於資產配置，而非個別資產的選擇。這正是資產配置能夠有效「降低風險，實現回報最大化」的關鍵所在。

資產配置常見問題

在前面我們討論了股票作為攻擊型資產，債券作為防守型資產的基本配置。那麼其他資產呢？

攻擊型資產依據被動投資的理念，你要選擇全球型大盤 ETF，你會得到全球大盤指數的投資報酬，這是一個攻擊型資產的黃金標準。意思是除非你有在合理風險評估後，還能超越全球大盤指數的報酬，這才值得你做其他配置，現階段我們以標準的全球型大盤 ETF 為主。

還有一個常見的問題：現金是否算防守型資產？這你要分兩個層面，首先你要保留你的緊急預備金，這筆資金是應付急用所需，所以不用算在投資的項目上。但是除了緊急預備金或你保留現金要購買其他商品外，額外閒置資金也應該算在防守型資產的計算上。

然而現金會越來越薄，它是一個不斷貶值的法幣資產，所以除非有特殊理由，不建議以現金作為防守型資產配置的主力，而是以債券等能長期保存購買力的資產為主。

許多投資人會因為害怕虧損而過於保守，將大部分資金留在現金或定存中，但這樣的策略無法抵禦通膨帶來的購買力下降，是很大的錯誤。更多論述我們會在第三篇討論，你會了解我怎麼加入其他資產，做更全面的資產配置。

"長期投資（買入並長期持有）"

你是否曾經想過，如果在 1801 年投入 1 美元，經過 200 年後，它會變成多少呢？答案是到 2006 年底，這筆資產將增值到驚人的 1,270 萬美元。這正是 6.7% 的年化報酬率，加上股息再投入的複利效應所帶來的結果。這個例子展示了複利的力量：即使是看似微不足道的回報率，隨著時間的推移，依然可以創造巨大的財富。

巴菲特曾經形象地比喻過投資的過程，他說：「人生就像滾雪球，你只要找到濕的雪和足夠長的坡道，雪球就會越滾越大。」這裡的「濕的雪」就是合適的投資產品，而「坡道」則是時間。巴菲特本人也親身實踐了這一原則，他在 10 歲開始學習投資，50 歲後才賺得 99% 的財富。

有一個簡單的法則你可以記住——**72 法則**。

這個法則告訴我們，將 72 除以你的年化報酬率，就能得出資產翻倍所需的年數。例如，假如你的年化報酬率是 8%，那麼資產翻倍所需的時間就是 72 除以 8，等於 9 年。

換句話說，只要持續投資在年化報酬率 8% 的資產上，9 年後你的資產就能翻倍，再過 9 年，資產會達到原來的四倍，這正是複利的驚人力量。

根據這個法則，長期投資至少應以 10 年為單位來規劃。很多人以為 2 到 3 年就算長期，但真正的長期投資應該超過 20 年。巴菲特也曾經說過：「如果你不願意持有一個資產超過 10 年，那它就不值得投資。」這句話揭示了長期投資的核心價值，讓複利隨著時間逐漸展現它的威力。

在這個過程中，市場難免會經歷波動，短期內可能會有虧損，但成功的投資者懂得保持冷靜和耐心。許多在市場低迷時期堅持持有資產的人，最終獲得了長期的回報。與其被短期的市場波動影響，不如相信市場長期增長的趨勢。股市雖然會有衰退期，但長期來看，它一直在穩步上升。

投資的過程就像滾雪球一樣，不會一夜致富，而是需要時間和耐心來累積。成功的投資者明白，短期的波動不應動搖他們的信心，因為長期投資的回報才是最值得追求的目標。

"再平衡原則„

許多投資人一開始都會嘗試預測市場，試圖找到買低賣高的最佳時機。這聽起來很理想，畢竟如果能在最低點買入、最高點賣出，無疑是一條快速致富的捷徑，然而，現實中卻並非如此。

市場的變化極難預測，即使是最專業的投資大師也無法穩定地抓住每一次的「低點」和「高點」。市場受經濟數據、政策變動、國際局勢等多方面的影

響，這些因素讓市場走勢變得不可捉摸。除此之外，人的情緒往往也會干擾投資決策，當市場下跌時，投資者容易恐慌性拋售；而當市場上漲時，人們又容易追高，最終陷入高買低賣的困境。

與其花費精力預測市場，不如採用一個更穩健且理性的策略——再平衡。再平衡就像是在管理你的老闆錢包：當某一個口袋變得過於鼓脹時，你需要將多餘的部分轉移到另一個較小的口袋，恢復到原本設定的比例。

假設你設置了 50% 股票、50% 債券的資產配置，隨著時間推移，股票的表現可能超過了債券，這時你的投資組合可能變成 60% 股票、40% 債券。儘管股票的上漲讓你感覺賺了不少，但這同時也增加了風險。如果市場突然轉向，過多的股票投資會讓你承受更大的波動。

這時候再平衡策略就派上用場了。再平衡的操作非常簡單，將部分漲多的股票賣出，然後買入相對便宜的債券。這樣，你自然而然地做到了低買高賣，而無需依賴市場預測。

最重要的是，再平衡還能幫助你控制風險，當股票比例過高時，它會讓你適時地減少風險資產的配置，保護你的投資免受市場劇烈波動的影響。再平衡並不是情緒化的決策，而是一種機械性的操作。這個過程只需按照既定的比例調整，不帶有任何感情因素，能夠避免市場情緒帶來的錯誤決策。每年進行一次再平衡就足夠了，這樣既不會過於頻繁，也能保持投資組合在合理的風險範圍內。

所以，定期再平衡是一個簡單而強大的策略，它能幫助你自動實現低買高賣，同時有效控制風險。無論你是投資新手還是有經驗的投資者，再平衡都是一個不可或缺的投資原則，幫助你在長期中穩步增長財富。

之後我們會學習更多進階觀念與不同做法，但都是環繞在這五大原則進行，所以請每隔一段時間檢視自己有沒有違反這五大原則。我們在下一篇章會討論更進階的投資策略，拉高你看待資產配置的視野，學習如何創造更高的報酬。

註：如果你想更深入了解被動投資原則與系統，可以閱讀下面經典之參考書籍。

- 墨基爾（Burton G. Malkiel）的《漫步華爾街》。

- 先鋒創辦人，指數型 ETF 之父約翰・博格（John C. Bogle）的書籍《約翰柏格投資常識》、《共同基金必勝法則》。

- 威廉・伯恩斯坦（William J. Bernstein）的《投資金律：建立必勝投資組合的四大關鍵和十八堂必修課》。

- 東尼羅賓斯（Tony Robbins）的《錢：7步驟創造終身收入》和《不可撼動的財務自由》。

PART

登上更高的山峰
—
進階的投資視野

2

小明是一名剛踏入職場的年輕工程師,對於未來充滿雄心壯志。隨著收入穩定,他開始思考如何讓手中的積蓄增值,而不是單純依賴薪水過日子。朋友們和社交媒體上總是充斥著股市賺錢的故事,這讓他深感興奮:「股市最近這麼火,我也不能錯過這波大好機會!」他下定決心,開始接觸股票投資。

　　第一次打開股市交易平台,螢幕上閃爍的數據和新聞讓他心跳加速。這些股市漲跌似乎就像遊戲一樣,而每個成功的投資決定,似乎都能為他帶來通往財富自由的捷徑。「只要抓住這個機會,我就可以很快實現財務自由,不用等到老了再存錢!」

　　於是,他毫不猶豫地將一部分積蓄投入了幾支熱門股。最初幾天,他的投資確實有了不錯的回報,這讓小明信心大增。「看吧,我果然有眼光!我也可以像那些人一樣,透過股票迅速致富。」

　　然而,股市波動很快讓他的信心動搖。某天,他發現自己購買的幾支股票開始大幅回調,原本累積的收益迅速縮水。「該怎麼辦?現在是賣掉還是再等等?」每個選擇似乎都充滿了不確定性,讓他焦慮不安。為了找尋答案,他開始關注財經節目,希望從專家那裡獲得建議。

　　有一天,他在某個節目上看到一位知名的投資專家,這位專家自信地推薦了一支「即將大漲」的股票。小明聽得心潮澎湃:「這可是專家的建議,他肯定比我更懂市場,我應該聽他的。」於是,他將剩下的積蓄也投入了專家推薦的股票。

但事情並不像預期的發展，市場再一次逆轉，專家推薦的股票不但沒有上漲，反而持續下跌，小明的焦慮也越來越深。每天他都忍不住打開手機，查看股市行情，內心充滿懊悔和自責：「我是不是不該聽專家的話？還是我的時機不對？」

就在這個時候，一位前輩工程師向他透露了一個「內幕消息」：「這是一支即將公佈大項目、股價會翻倍的股票，這可是公司內部都在討論的消息，錯過這次就真的太可惜了。」小明心裡又再一次燃起了希望，「這是我最後的翻本機會！」他再一次傾其所有，將手頭的資金全部壓在這支「內幕消息股」上。

然而，內幕消息最終並沒有兌現，股票並沒有上漲，反而因為市場傳言不實，股價大幅下跌。小明的資產在短短幾個月內幾乎蒸發殆盡。他不禁問自己：「我是不是太貪心了？如果當初穩紮穩打，現在或許不會這麼糟……」

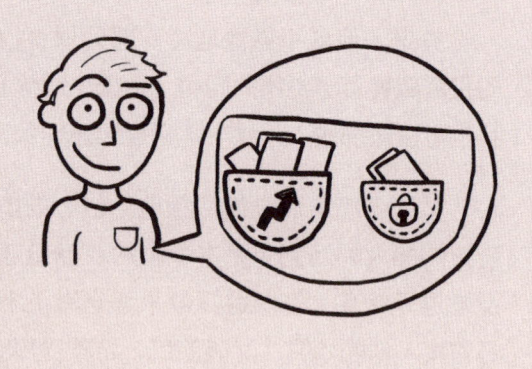

"打造冒險箱：抓住風險中的投資機遇"

你是否在自己的行業中，經常聽到前輩或朋友提到一些內幕消息，或發現新的投資機會，卻不知道如何下手？在第二篇內容中，我們將討論如何打造你的「冒險箱」，幫助你更好地把握這些高風險、高回報的機會。

重要的是不要盲目追求高回報，幻想一夜致富。當你不斷加大風險、

聽信內幕消息，而失去對市場的理性分析時，這其實更像是在賭博，結果往往是一場災難。

在冒險前，萬全的準備才是關鍵。小吳醫師將分享「槓鈴策略」與「反向槓鈴策略」的四層保護，幫助你建立穩健的冒險箱。這樣，你不僅能在面臨新的投資機會時放大資金，同時也能有效承受市場波動與看錯的風險。

"成長錢包與價值錢包：隨著人生階段優化你的投資策略"

在第二篇中，我們將探討如何隨著年齡調整投資策略；年輕時，就像成長股一樣，可以勇敢冒險，追求資產的快速增長；而隨著年齡增長，應該像價值股一樣，更多關注在如何保護現有資產，確保長期穩定的財務基礎。

年輕時，應該學習打造「成長錢包」，專注於高增長潛力；而隨著時間推移，你需要轉向一個「價值錢包」，聚焦於穩定的收益和風險控制。

許多年輕人害怕風險，錯失了增長機會。其實，人生風險承擔能力最強的時候正是可以進取的時候，抓住這個關鍵時機，適當進行更高風險的投資，反而能讓你在長期投資中更穩健。這也是第二篇要重點探討的核心內容。

Chapter 5

揭開投資獲利的祕密——
真相超乎你的想像

第一篇我們已經探討了投資最重要的選擇：你應該選擇主動投資，還是被動投資？即使知道被動投資可以用最少努力賺取報酬，但我們依然常常猶豫，為什麼？

因為總會有那麼一些「新機會」和「神奇股票」的誘惑。時不時你會遇到朋友神祕兮兮地告訴你：「這支股票最近表現很猛，趕快買進，保證大賺！」或者你聽到有人分享「內幕消息」，暗示某家公司即將大幅上漲，錯過了就等於錯過了一次財富自由的機會。

這些機會聽起來讓人躍躍欲試，讓你感覺就像是財富自由的門已經打開了，現在就看你敢不敢進去。但另一方面，你的內心又在擔心，萬一這些信息是錯誤的呢？這種掙扎讓投資者進退兩難，到底該不該抓住這些機會呢？

這就是第二篇要帶你學習的核心——如何提高視野，掌握進階的投資策略，讓自己登上更高的投資山峰，避開短期的干擾，長期獲利，不再被虛幻的誘惑迷惑。

"市場誘惑多，投資策略更是眾說紛紜"

深入投資世界後，你會發現投資人會以各自獨特的方式尋求財富增長的機會。投資市場就像一個大舞台，有各種角色在上面表演，每個人都有自己的想法和策略。

有些人堅信價值投資，覺得只要找到對的公司，並以合適的價格買入，便能坐等獲利；有些人則迷戀技術分析，他們依賴圖表和指標，試圖預測市場的高低點；還有一些人選擇被動投資，他們相信整體市場的長期增長，認為這樣能穩定獲利。

這麼多的策略，哪一個才是正確的呢？即使是小吳醫師推薦的最簡單方式，以被動投資起步作為穩定的起點，也難免會面臨市場下跌、資金虧損的挑戰。

事實上，市場充滿了不確定性。無論是價值投資、技術分析還是指數化投資，每種策略都有成功與失敗的例子。市場的波動來自許多因素：經濟政策的調整、國際事件、大公司的業績變動，甚至是社交媒體上的一則消息，都可能引發巨大的市場波動。

因此，對於大多數投資者來說，預測市場變動似乎成為了一個不可逾越的挑戰。如果你每天盯著新聞，試圖捕捉每一個動態，可能反而會讓自己陷入焦慮和混亂。實際上，市場上的資訊早已被消化，並不一定對投資決策起有用的幫助。

除了資訊的影響，心理因素也常常干擾投資決策。當市場大漲時，貪婪的情緒會驅使我們忘記風險，追逐更高的價格；而當市場大跌時，恐懼又會驅使我們匆忙賣出股票，以避免更大的損失。結果，許多投資者最終都是在低點賣出、高點買入，成為市場波動的受害者。

這種情形就像是你試圖在迷霧森林中登山——看不清前路，隨時都可能迷失方向，甚至迷路掉落懸崖。然而，要成為贏家，你需要的是一個清晰的指南針，指引你在這片迷霧中保持冷靜，找到正確的方向。

而要破解這個迷霧，找到真正的財富密碼，我們需要從根本上理解——投資獲利到底來自哪裡？它源於運氣？資訊？還是更深層次的市場規律？接下來，我們將與你一起揭開這個真相，幫助你在投資的道路上看得更遠、走得更穩。

"投資獲利來源大解密"

當我們談到投資時，許多人第一個想到的可能是選股，選擇那些潛力巨大的股票，然後看著它們一路飆升。然而，投資獲利的真正來源並非僅僅來自於這種選股的能力。

實際上，巴菲特的投資理念強調：承擔市場的波動是投資的一部分，並且需要有耐心等待長期的回報。換句話說，投資的真正獲利來源可以歸結為兩個主要因素：承擔系統風險，以及擁有市場未知的資訊。

承擔系統風險

許多投資者誤以為可以透過精準的市場時機選擇來避開所有的下跌，從而只享受上漲的甜蜜。這聽起來很吸引人，但現實情況是，連最成功的投資者都很難持續做到這一點。事實上，投資獲利很大一部分來自於承擔市場的風險，也就是說，你必須願意接受市場的起伏，並保持長期持有的信念。

例如，2008年的全球金融危機讓許多投資者損失慘重，市場在短期內暴跌，但那些有耐心持有的投資者最終隨著市場回升而獲得了巨大的回報，這就是承擔系統風險的例子。你必須經歷市場的低谷，才能享受到隨後的高峰。

巴菲特也經歷過多次市場大跌，但他選擇不因短期波動而驚慌失措。這是因為他了解市場的起伏是一種常態，而非異常，承擔這些波動是獲利的關鍵。

當你進行任何投資時，絕對不要有一種心態，認為自己可以輕易透過某個方法避開市場的下跌，並同時享受上漲的甜頭，即使是專業投資者也無法100%做到這一點。如果你想躲避下跌，代表你也會錯過上漲，這是投資中的一體兩面。

這就是為什麼投資大盤指數稱為「被動投資」的原因。被動投資的精髓在於長期持有，不試圖預測市場走勢，不在最高點賣出或最低點買入，而是持續承擔市場波動，從而獲得長期回報。

知道市場不知道的事

除了承擔系統風險，另一個獲利來源來自於擁有市場上其他人所不知道的資訊或視角。這些資訊或視角能夠幫助投資者識別出被市場忽略的機會，這正是價值投資和技術分析的主動投資策略試圖實現的目標。然而，這並不容易做到，因為市場上大部分資訊都是公開的，真正有價值能幫助獲利的資訊往往難以獲得，可遇不可求。

舉例來說，在 1990 年代末期的科技泡沫中，有些投資者看到了互聯網的潛力提前布局，獲得了巨大的回報。但隨著科技股的暴漲，越來越多的投資者湧入市場，導致估值過高。最終泡沫破裂，許多追逐短期利益的投資者損失慘重。而那些能夠提前預見泡沫破裂，並及時退出的投資者，則避免了巨大的損失。

主動投資者透過研究市場走勢、公司財報和經濟指標，試圖找到市場未發現的機會。可是這些資訊大多數已經被市場反映，能夠真正找到市場未發現的機會，需要比大多數人花更大量的時間深入研究和更敏銳的判斷。

了解這兩大投資獲利來源後，即使面對投資世界的複雜和不確定性，我們也能找到前進的方向。無論是承擔市場風險以獲取穩定回報，還是深入研究以尋找市場未發現的機會，每個投資者都應該清楚自己的策略，並願意承擔相應的風險。這樣，我們才能在市場的迷霧中看得更清、走得更穩，最終實現長期財富增長。

"打造你的專屬投資系統：五個不可或缺的要素"

在投資的世界中，成功並不是憑運氣，而是依賴於一個清晰且有效的系統。這個系統就像一張可靠的地圖，在投資這座迷霧重重的山上，為你指引方向。要讓這個系統運作順利，你需要清楚知道自己的每一步該怎麼走。下面我們來看看，一個有效的投資系統都應該具備的五個關鍵要素。

進場理由：你為什麼選擇投資這個標的？你要如何進場？

進場的時機和理由是投資決策的起點。你為什麼選擇投資這個標的？你的進場理由可以是多種多樣的，例如：經濟數據顯示市場將上漲、公司業績優秀、有穩定的股息、行業前景看好等等。不論理由是什麼，關鍵在於你的決策要基於清晰的分析，而非憑直覺或隨意聽從他人的建議。

對於專業人士來說，進場的理由還可以包括對某個行業或技術的深刻理解。如果你是醫生，或許你能比其他人更早看出某家生物科技公司在醫療突破上的潛力；如果你是工程師，你可能更能理解某些技術公司的未來走向。利用自己的專業知識，找到那些符合長期增長潛力的投資標的，這樣進場就更有依據。

出場條件：你要如何出場？

出場策略決定你如何保護收益並控制風險，避免過度貪婪或驚慌失措。每一個進場點都應該有一個明確的出場策略，這可以是止盈止損線、目標價位、或是長期持有直到你買入理由消失。市場狀況發生重大變化時，你事先想好出場條件，才不會慌亂，恐慌性的在不適合的條件下賣出。

出場策略依你的投資風格而定。技術分析者可能會設定止損點來避免更大的損失；價值投資者則根據估值來決定何時賣出過高估值的股票。這些策略不是簡單的數字，而是應對市場變化的指南針。

資金分配：你要如何資產配置或分配資金部位？

在投資中，資金的分配是一項關鍵決策，會直接影響到投資的風險和報酬。被動投資會透過資產配置來實現資金的分散。資產配置的比例會根據投資者的風險承受能力和投資目標來調整。例如，一位年輕的投資者可能會將更多資金分配在股票這樣的高風險高報酬資產中，而即將退休的投資者則可能更傾向於增加債券或現金的比例，以保護已累積的資產。

技術分析與價值投資者則會更精確地調整個別投資的資金部位大小。這些

投資者根據市場趨勢、技術指標或公司的基本面,決定每筆投資的部位大小。這樣的分配能夠在有信心時加大投入,並在不確定時減少風險。

風險管理:如果看錯了怎麼辦?

投資不可能沒有風險,因此為了保護自己的資金,我們必須在投資前就思考好萬一投資失敗、看錯的話該怎麼辦?有什麼退路?假設股市突然大跌 50%,或者發生了意外的「黑天鵝」事件(例如經濟危機、戰爭或自然災害),你該怎麼辦?這些情境雖然不常發生,但一旦出現,可能會對你的投資組合造成巨大的衝擊。

思考退路並不是在預測災難,而是在事前就做好各種狀況的分析,為了確保即使在最壞的情況下,你也能有一個清晰的行動計畫,避免驚慌失措。這種提前規劃的風險管理方式,能讓你在市場波動時更有信心,也能更理性地做出決策。

投資優勢:為什麼你會贏?有比其他投資更好嗎?

在進行投資決策時,你需要能夠清楚地回答:為什麼這個投資策略能成功?它到底比其他方法有什麼優勢?你可能是因為擁有獨特的市場洞察力、善於捕捉市場機會,或者你在風險管理上更有經驗。無論你選擇的策略是什麼,都必須有明確的理由支持。

同時,也需要考慮機會成本:為什麼這筆投資比其他選擇更好?你選擇的項目必須比其他選擇更具吸引力,並能證明在風險調整後,它的報酬率比其他投資更高。這不僅僅是基於直覺,而是來自你對市場的深入分析與理解。

不斷思考你投資系統五大關鍵要素——進場理由、出場條件、資金分配、風險管理,以及你的投資優勢,你會更有清晰視野,無論市場如何波動,都能處變不驚,穩定你的投資腳步。

最後,你能在三分鐘內清晰分享這五大關鍵因素嗎?如果答案是肯定的,你的投資成功率將大大提高。

"以老闆錢包為例：描述系統的五大要素"

在進入下一章的進階投資策略之前，讓我們先分析老闆錢包的五大要素：

1. **進場理由**：投資全球型 ETF 指數，相信全球經濟與投資市場會長期增長，目標取得長期市場的大盤報酬。

2. **出場條件**：長期持有是核心策略，除非是面臨退休需要開始提領資金，或有重大資金需求，一般情況下不會隨意賣出。

3. **資金分配**：投資者根據自身的風險承受能力進行資產配置。風險承受度高的投資者可加大股票口袋的比例，風險承受度低的則增加債券口袋的比重，以達到平衡。

4. **風險管理**：為應對市場波動，投資者應制定風險管理計畫，像是定期進行資產再平衡，確保投資組合保持在預期的風險水平，以應對市場的波動。

5. **投資優勢**：本多終勝。ETF 指數投資的優勢在於低成本、低操作難度，以及能夠在不花太多精力的情況下獲得市場的平均回報。對於追求長期穩定增長的投資者，這是一種有效而簡單的策略。

投資的世界充滿著變數，但如果你理解到投資獲利來源來自於承擔系統風險，以及知道市場不知道的事，再加上你有一個可靠的投資系統，就像手握一張清晰的地圖，即使在迷霧中也能找到前進的方向。

試著花三分鐘，用這五個要素來總結你的投資策略。進場時，清楚知道自己的理由；出場時，掌握明確的條件；資金分配有章法，風險管理有備案；最後，了解自己的優勢，知道為什麼選擇這個策略。

當你能夠簡單且清晰地回答這些問題，你會對自己的投資策略更加有信心，並且能在市場的複雜環境中冷靜應對，做出明智的決策。這不僅能幫助你獲得更好的投資回報，還能讓你在投資的旅程中，真正掌控自己的未來。

Chapter 6

避開散戶的盲點——
邁向投資高手的第一步

在前一章中，我們探討了投資獲利的關鍵在於承擔市場的系統風險。然而，僅僅承擔風險並不足以保證成功，想要登上更高的山峰，我們還必須學會避開散戶投資人常見的盲點，這是成為投資高手的第一步。

"高勝率的盲點"

很多人以為，只要找到高勝率的策略就能穩賺不賠，這是投資中最常見的錯誤之一。讓我跟你分享我朋友的故事。

小陳是一位熱愛股票投資的年輕人，每天花數小時泡在投資論壇和財經新聞裡。他對技術分析和線圖有著狂熱的追求，總是希望能找到那個「萬無一失」的交易策略，好讓自己一夜致富。終於有一天，在朋友的推薦下，小陳發現了一個號稱勝率高達 90% 的策略，這個策略的過去 20 年回測數據美好得讓人難以置信。

「這不就是我夢寐以求的聖杯嗎？」小陳心中一陣狂喜，覺得自己找到了通往財富自由的鑰匙。於是，他迫不及待地開始用這個策略進行交易。最初，小陳感覺自己真的要成為股神了。每天打開交易平台，幾乎每一筆都是賺錢，看到那些帳單盈利數字，他的信心越來越膨脹。他興奮地在群組裡向朋友炫耀：「你們看，我又賺了！」短短一個月，每次賺個 2%、3%，多次成功讓他帳戶裡的財富增加很多，讓他覺得這套策略簡直完美無缺。

然而，好景不長。某天，市場突然出現了劇烈波動，平靜的湖面忽然掀起了巨浪。小陳還來不及反應，他的股票就開始直線下跌，帳戶裡的餘額瞬間砍半。

過去一個月累積的小獲利像流水一樣消失，他的心情也從興奮轉變為惶恐不安。

「這不可能！我不是用高勝率的策略嗎？」小陳滿臉疑惑，急忙賣掉手中的股票，想要減少損失，但已經來不及了。這次的下跌讓他之前所有的賺頭都化為烏有，甚至還虧了一大筆。

這就是很多散戶投資人會犯的錯誤——過於相信高勝率的策略，卻忽視了風險管理。事實上，所謂的高勝率，往往伴隨著小幅獲利和低風險。但這樣的策略一旦遇到市場劇烈波動，發生意外的黑天鵝往往會帶來巨大的虧損，從投資市場畢業。這就是為什麼許多人陷入「小賺大賠」的陷阱，前期的勝利帶來了假象，讓他們忽略了背後潛藏的風險。

讓我們用獲利公式來解釋為什麼高勝率的策略可能陷阱重重，這樣你就會更清楚地了解原因。

讓我們再次複習一次獲利公式：

獲利＝投資本金 × 獲利率

但當進行多次交易時，公式會變成：

獲利＝成功次數 × 投資部位 × 獲利率－失敗次數 × 投資部位 × 虧損率

假設你有一個勝率高達 90% 的策略，聽起來很理想，對吧？每次賺 3% 的利潤就會賣出，以保持高勝率。然而，當策略失敗時（10% 的機會），你會面臨 30% 的虧損。為了簡化，我們用以下模式進行計算：

- 本金：100 萬元
- 每次投入：10 萬元
- 操作次數：10 次

結果如下：

- 9 次成功：每次獲利 3%，共賺 27,000 元（9 次 ×3,000 元）

- 1 次失敗：每次虧損 30%，虧損 30,000 元
- 總獲利：27,000 元 － 30,000 元 ＝ － 3,000 元

根據這個策略，即使你 9 次賺了小利，但一次 30% 的虧損就會瞬間吞噬所有成果，甚至讓你嚴重虧損。

現在，讓我們比較另一種策略：勝率只有 40%，但每次勝利可以帶來 15% 的回報。這看起來風險較大，但如果風險管理得當，每次失敗的損失僅為 5%，計算如下。

看看這個分析：

- 4 次勝利：每次獲利 15%，共賺 60,000 元（4 次 ×15,000 元）。
- 6 次失敗：每次虧損 5%，共虧 30,000 元（6 次 ×5,000 元）。
- 總獲利：60,000 元 － 30,000 元 ＝ ＋ 30,000 元

即便勝率只有 40%，這個策略的淨收益卻是 30,000 元。

這顯示出，即使勝率低，但如果每次盈利足夠高，並能有效控制風險，仍然可以帶來更好的總體回報。

從這次計算，我們可以看到，高勝率不一定是好事，特別是當每次獲利很低的時候，要注意是否有小賺大賠的陷阱。實際上我接觸的技術分析老師他們勝率都沒有大家想像得高，常常介於 5～6 成之間。但這些老師像在操控一艘船一樣，掌握著風險和回報的平衡，最後大賺小賠達成很高的投資獲利。

"避開投資深坑：避免重大虧損"

從這裡我們要學到重要的第二個投資守則：**在投資全局中，避免重大虧損比抓住每一次小獲利更重要**。這條黃金法則是所有經驗豐富的投資者共同遵循的核心原則，因為他們深知，一次大敗足以毀掉百次小勝。

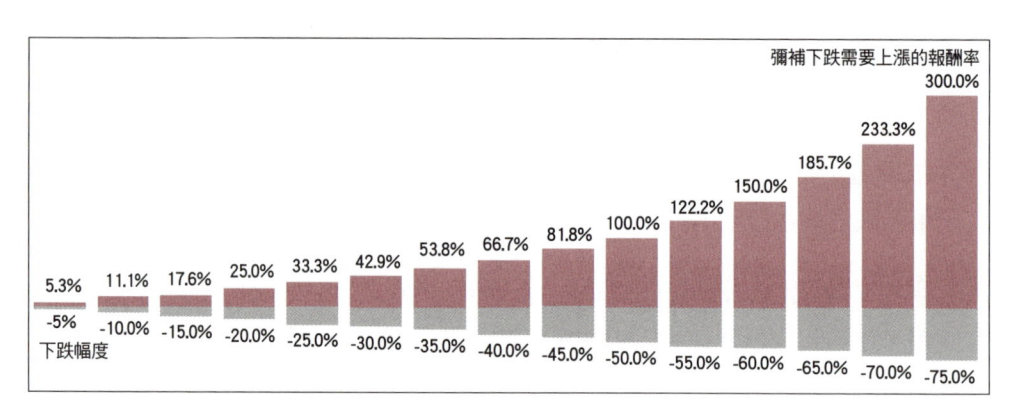

▶ 圖 6-1　當市場波動要彌補下跌幅度需要再上漲的報酬率。

資料來源：作者整理

我們還可以透過圖 6-1 來更直觀地了解為什麼我們必須避免重大虧損。

圖 6-1 展示了兩組數據：下方是投資下跌的幅度，上方則是彌補這些損失所需的上漲幅度。這些數據揭示了在投資中，如果不謹慎行事，一旦進入大幅下跌的階段，彌補損失變得極其困難。

你會發現，剛開始時下跌 5%，只需要 5.3% 的回升就能彌補損失；但是，隨著虧損加大，情況變得越來越嚴峻。如果你的投資虧損了 75%，那麼你需要 300% 的漲幅才能回到原本的水準。

這就像在路上「踩到坑」一樣。如果你只是踩到一個小坑，腳稍微被卡住，你只需要輕輕一跳就能恢復平衡。但如果你掉進了一個很深的坑，想爬上來就會變得非常困難。

假設你有 100 萬的投資，結果因為沒有控制風險而「踩了個大坑」，損失了一半，現在你的資金只剩下 50 萬。要想從這個「坑」裡爬出來，你需要 100% 的回報才能讓資金回升到 100 萬。就像人掉進深坑後，你得花比平常多一倍的力氣才能爬回去。

而且，如果這個坑更深，虧損達到 75%，那麼你就需要付出三倍的努力，才能爬回到最初的狀態。這時候，難度已經不再是簡單的問題，而是逐步變得幾

PART 2　登上更高的山峰——進階的投資視野

乎不可能實現。這告訴我們，避免掉入「深坑」是投資中的關鍵。與其試圖爬出深坑，不如在一開始就小心行走，避免陷入那些巨大的虧損。

正如巴菲特所言：「第一條規則是永遠不要損失自己的本金；第二條規則是不要忘記第一條。」這句話揭示了一個關鍵的投資真理：保持本金安全是所有投資策略的基礎。而許多散戶投資人最後退出市場，就是因為忽視了這條真理，導致本金巨額虧損。

這也就是為什麼風險管理不是選擇，而是必需。成功的投資者不是靠預測市場，而是靠穩健地保護本金，從而在市場風浪中生存下來。如果你能夠在市場的高低起伏中保護自己的本金，那麼你就能在長期投資中保持良好的狀態。

反之，如果你過度投資或沒有設定風險控制措施，一次市場下跌就可能讓你賠光所有，甚至無法翻身。這是成功投資者最該學會的進階策略，也是成為投資高手的第一步。

在下一章，我們將深入探討如何設立你的「初階冒險箱」，這是控制風險的策略，讓你在追求高回報的同時，也能睡得安穩。

Chapter 7 初階冒險箱——槓鈴策略，讓你掌控風險，安心睡好覺

在前一章中，我們探討了投資者常見的兩大盲點：高勝率的迷思和忽視本金虧損的風險。所以，進階的投資策略不應只專注於如何賺取更多收益，而是學習如何掌控風險、避免巨大的虧損。控制風險的藝術就像打造一個「冒險箱」。而這一章，我們要談的是如何利用初階冒險箱——槓鈴策略，來讓你睡得安穩。

"初階冒險箱：槓鈴策略，學習應對黑天鵝的風險管理之道"

槓鈴策略由《黑天鵝效應（The Black Swan: The Impact of the Highly Improbable）》一書的作者納西姆·塔勒布（Nassim Taleb）提出，這是一個以應對市場極端風險為核心的投資方式。

在我們深入討論槓鈴策略之前，讓我們先來了解一個必須理解的概念——**黑天鵝**事件。這類事件是指那些極度罕見且出乎意料的事情，通常具有毀滅性的影響。在它們發生之前，幾乎無法預測，而事後人們卻總是試圖用合理的解釋來說明這些事件。

例如，2001 年的 911 恐怖攻擊、2008 年的全球金融危機，以及 2020 年的新冠疫情，這些都是典型的黑天鵝事件。它們的共同特點是突然出現、影響深遠且無法預測。無論你多麼謹慎地計劃，這種事件都可能突然打亂一切，摧毀你所建立的投資組合。

既然我們無法預測這些事件的發生，問題來了：我們應該如何應對？

納西姆·塔勒布強調，傳統的風險管理方式過於依賴過去的數據和模型，

這些方法往往無法應對黑天鵝事件。為了更有效地應對這些無法預測的風險，他提出了槓鈴策略。

槓鈴策略的核心是資產配置的極端性。簡單來說，它建議將資產配置在兩個極端：一端是極度安全的資產，另一端則是高風險高回報的資產。介於這兩者之間的資產則可以忽略不計。

- **安全端：**這是所有配置最多的部分，大多數資金如95%，應該投入到那些幾乎可以保本的資產上，如銀行儲蓄、美國國債等，這些資產雖然回報率低，但可以保證資金的安全。
- **冒險端：**另一小部分資金如5%，則應用於高風險的資產，如期權、選擇權等，這些投資有可能帶來極高的回報，當然也有可能全軍覆沒。

塔勒布曾擔任顧問的普世投資公司（Universa Investments）就是利用槓鈴策略的一個成功例子。這家公司將大部分資金投資於極度安全的資產，同時將少部分資金投入高風險的對沖工具。2020年新冠疫情引發市場劇烈波動時，普世投資成功避險，並因槓鈴策略大賺一筆。

"形象化理解槓鈴策略：如何在投資中尋求平衡"

我們可以透過圖7-1來更直觀地理解槓鈴策略。假設你在健身房看到一個槓鈴，它的兩端各有同樣的重量盤。普通槓鈴的兩端材質和重量是相等的，這樣槓鈴可以保持平衡，如圖7-1中的A所顯示。

然而，投資中的槓鈴策略並非如此簡單，它的兩端代表著不同的資產類型和風險水平——一端是高風險、高報酬的冒險資產，另一端則是低風險、穩健的安全資產。

圖7-1中的B顯示，如果你將資金平等分配在高風險和低風險的資產上，當發生不可預測的「黑天鵝」事件時，槓鈴就很容易失衡，投資組合的損失就會

A

冒險資產大且重

B

安全資產小且輕

C

冒險資產部位小   安全資產部位大

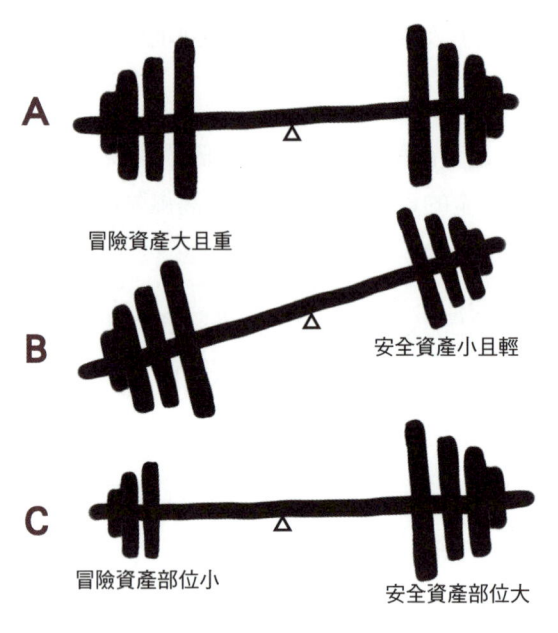

▶ 圖 7-1　槓鈴示意圖。
　　　　A：一般槓鈴，兩端重量相等。
　　　　B：冒險／安全槓鈴，顯示同部位就會偏斜。
　　　　C：冒險／安全槓鈴要平衡需要，高風險部位小，低風險部位大。

資料來源：作者整理

變得嚴重。這是因為冒險資產部位太大了，還記得投資守則二嗎？我們絕對不能吞下一次鉅額的虧損。

要平衡分配不均的風險，我們只要如圖 7-1 中的 C 一樣，將大部分資金放在極度保守、低風險的資產上，例如現金、短期國債或其他穩定的投資工具。這些資產的波動性非常小，即使市場出現動盪，也能確保資金的安全。

而另一端的小部分資金則投資於極度進取、高風險的資產，例如新興市場的股票、期貨、風險投資等。這些投資可能帶來極高的回報，但風險同樣很大，不過即使出現損失，由於投入資金的比例較小，對整體組合的影響也不會太大。

槓鈴策略的魅力在於它讓投資者既能穩健防守，又能靈活進攻。即使高風險的一端完全失敗，低風險的一端仍能確保你不會遭遇毀滅性的財務打擊。這樣

的配置策略讓投資者可以在市場動盪時仍然能睡得安穩，而當市場機會來臨時，則可以迅速抓住機會，實現回報。

槓鈴策略告訴我們，與其試圖預測無法預測的市場事件，不如在不確定性中尋找穩定。透過將資金配置在極端的兩個端點，我們能夠更好地掌控風險，避免重大虧損，同時在合適的時機抓住投資機會，獲得較大的回報。

"從槓鈴策略中我們該學到的事"

正確配置資金，自己掌控風險

還記得投資守則第一條嗎？著眼於你能掌控的：擴大你的投資資金。這比在茫茫股海中尋找罕見的高獲利項目要簡單且輕鬆得多。

而槓鈴策略就是延伸應用，當遇到高風險的投資時，控制與縮小你的資金部位，風險就可以被大幅降低。例如，許多人認為期貨是一種高風險的投資工具，但如果你只用總資金的 1% 去投資期貨，即使全部損失，對你的整體資金也不會造成太大的影響。

真正的風險其實不在於市場，而在於我們對風險的認識。即使是期貨這樣的高風險項目，透過資金管控，也能變成相對穩定的投資。只要控制好每一筆投資的比例，你就能冷靜應對市場波動，讓你的投資組合更穩健，也能安心入睡，因為你知道，哪怕市場震盪，你的資產依然安全。

居安思危，先求穩健再考慮冒險

投資不是一場豪賭，而是一場需要謹慎規劃的旅程。很多散戶最大的錯誤在於想快速賺錢，於是把全部資金壓在一個高風險機會上。槓鈴策略教我們，不要在每一個投資機會中只是單一押注，而是要有選擇地配置資金。

大部分資金應該放在穩健安全的投資上，這樣就算市場波動，你的主要資金還是安全的。有了這層保護後，你可以用少量資金去追求高風險、高回報的機

會。即使這部分資金虧損，也不會讓你承受巨大的財務壓力。

這種「居安思危」的心態，是所有成功投資者的共識。在追求高回報之前，先要確保穩健基礎。穩健安全的投資是你冒險的保護殼，為你提供了足夠的安全感。

只有在此基礎上，你才有能力去承擔風險，嘗試更冒險的資產，可能包括新興市場的股票、高收益債券，或是期貨等投資工具。

"槓鈴策略的缺點"

雖然槓鈴策略在風險管理上具有一定的優勢，但它並非沒有缺點。在應用槓鈴策略時，你需要考慮以下幾個方面的潛在問題：

機會成本高

槓鈴策略要求將大量資金投入低風險的資產，例如現金或國債，以確保資金的安全性。這意味著這些資金未被有效利用於潛在的增長機會中，可能會錯過一些高回報的投資機會。當市場表現良好時，這種保守的配置方式可能使投資者無法充分受益於市場的上升趨勢，從而降低了整體投資組合的回報率。

潛在成本可能較高

為了捕捉高風險資產的潛在報酬，槓鈴策略往往涉及對沖操作，例如購買期權或其他衍生品，這可能帶來較高的交易成本和管理費用。此外，槓鈴策略需要定期再平衡投資組合，以確保資金配置符合既定策略。這些再平衡操作不僅增加了操作的複雜性，也會增加交易成本和管理成本。

策略依賴於極端市場變動

槓鈴策略的高風險部分主要依賴於極端市場事件（如黑天鵝事件）來獲取報酬，然而，這些事件的發生時間和頻率難以預測。在市場相對穩定、缺乏黑天

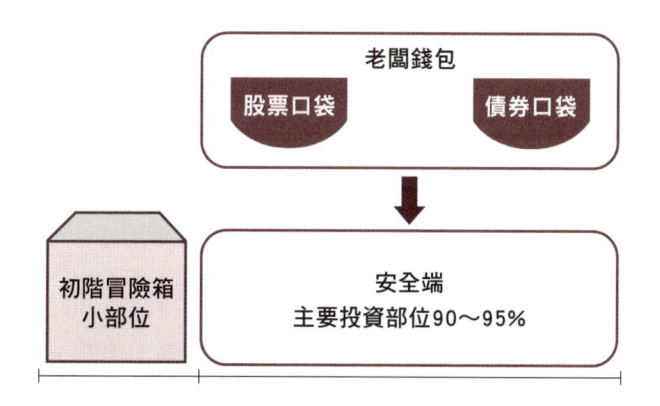

▶ 圖 7-2　小吳醫師的雙層資產配置。
　　　　　第一層老闆錢包：股債口袋配置；第二層初階冒險箱：槓鈴策略。

資料來源：作者整理

鵝事件的情況下，高風險資產的表現可能不如預期，這部分資金可能長期處於虧損狀態。這樣的情況可能讓投資者對策略的有效性產生懷疑，尤其是在面對連續幾年沒有發生極端事件的時候。

"小吳醫師的初階冒險箱：雙層資產配置„

在應用槓鈴策略時，我根據其優缺點採用了雙層資產配置策略，我叫它初階冒險箱。這樣的配置可以平衡槓鈴策略的保守性與進取性，並降低過度依賴極端市場變動的風險。

第一層資產配置：老闆錢包

首先，我將大部分資金穩定地投入於大盤指數，這就是老闆錢包，包括股票和債券口袋。這樣的配置可以穩定取得市場的大盤報酬，並在市場波動時提供足夠的安全感。

第二層資產配置：初階冒險箱 vs 老闆錢包

在穩定的老闆錢包之外，當有高風險的投資機會出現時，我會拿出一小部分可承受損失的資金投入到冒險箱中。這是初階的冒險箱，採取與槓鈴策略類似的方式，將5～10%的資金投入到高風險的資產，剩餘資金則保持在老闆錢包中。這樣的做法讓我能在安全的基礎上，仍然參與到高風險市場中的潛在收益。

早期，我採取老闆錢包的投資策略，穩定分散於股票和債券的 ETF 中，取得大盤報酬。然而，當我遇到比特幣這個新興的高風險市場時，開始考慮是否應該嘗試投入。

在經過評估後，我決定用額外獲得的獎金來進行嘗試，並將一小部分資金分配到加密貨幣市場，其他大部分資金則繼續保持在老闆錢包中。

這一策略在加密貨幣市場行情好時為我帶來了可觀的利潤，這小部分投入最終創造了 500% 的回報，為整體投資組合增長做出了貢獻。

"槓鈴策略總結"

槓鈴策略教我們，不要試圖預測不可預測的事件，而是要在不確定性中找到平衡，透過合理的資產配置來掌控風險。這種平衡不僅幫助投資者避免了大幅虧損，也讓他們能在市場回暖時迅速獲利。

記得當要投入冒險資產時，重點不是如何獲利，而是專注如何擁有足夠多的安全端資產，這是初階冒險箱的核心。另外，我們學會了一個重要的原則：風險不僅僅來自於市場的波動，更重要的是來自於投資者自身對風險的管理。

風險管理是投資成功的基石。我們要學會如何在面對高風險的同時，保護自己的本金。這不僅僅是一種投資策略，更是一種心態。在追求高回報的同時，永遠不要忽視風險的存在。掌握風險管理，才能真正掌控自己的投資命運，實現長期的財富增長。

Chapter 8

用你一生視野看投資——
成長錢包 vs 價值錢包

在我們的老闆錢包中，資產配置的關鍵是根據自己能承受的市場下跌比例來進行調整。然而，當我們放大視野，從一生的角度來思考投資，就需要更加系統地規劃資產配置，以應對不同人生階段的需求和風險。

在我上一本書《遇見 50 歲後的大小事》的「55 歲屆齡退休，薪水與幹勁的挑戰與重生」一章中，談到了接近退休時應該逐步增加保守型資產。這樣的調整能有效防止在退休時碰上股市長期下跌，導致退休金大幅縮水，進而減少未來生活保障的風險。

這樣的資產配置觀念符合我們大多數人的直覺：年輕時，我們擁有時間和機會，可以承受更大的風險，因此可以更積極地投資於攻擊型資產，如股票；但隨著年齡增長，接近退休時，我們應逐步轉向保守的防守型資產，保護已積累的財富。

具體而言，這該如何調整呢？傳統上，有一種簡單且廣為人知的資產配置方法——「**生日規則**」。這是一個常見的資產配置框架，它可以幫助我們在不同人生階段自動調整投資組合比例，以適應不同年齡的風險承受能力。

接下來，讓我們深入了解這個策略，看看它如何幫助我們在不同人生階段實現資產的動態配置。

"「生日規則」的資產配置"

「生日規則」是一個常見且簡單的資產配置方法，這個規則的公式非常直觀，即是

<u>100 －你的年齡＝你應該持有的股票比例</u>

如表 8-1，如果你現在 30 歲，那麼按照生日規則，你應該持有 70% 的股票和 30% 的債券。隨著年齡的增加，你的股票比例應該逐漸降低，這樣可以減少年老時面臨的市場風險。例如，當你 40 歲時，應該有 60% 的資金投入股票；而到 60 歲時，則只有 40% 的資金投入股票，其他的應該放在更保守的投資上，如債券或現金。

使用「生日規則」這樣的資產配置方式，可以幫助投資者在年輕時獲得較高的回報，而在接近退休時，則更加注重資金的穩定性。但有些人認為「生日規則」過於保守，尤其是在年輕時期，當投資者擁有更多時間承擔風險和恢復損失時。因此，有人建議使用「**110 減年齡**」或「**120 減年齡**」來計算應該持有的股票比例，以增加年輕時的股票曝險比例。

▶ 表 8-1　生日規則的資產配置

年齡	股票比例 (%)	債券比例 (%)
30 歲	70	30
40 歲	60	40
50 歲	50	50
60 歲	40	60
70 歲	30	70

資料來源：作者整理

例如，如果你 30 歲，按照 120 減年齡的計算方法，你應該持有 90% 的股票（120－30＝90），這比傳統的生日規則建議的 70% 更高，這樣可以更充分利用年輕時的風險承受能力，爭取更高的報酬。

"案例解析：生日規則配置的盲點"

然而，**生日規則**配置有其潛在的盲點，我們透過一個簡單的案例來凸顯這種策略的不足之處。假設你從 30 歲開始投資，計劃一直投資到 60 歲，也就是說，你有 30 年的投資時間。整個投資生涯中，你陸續投入了 600 萬的本金，每 10 年投資 200 萬。根據生日規則，我們用「100 減去年齡」的公式來決定股票的配置比例，以下表 8-2 即是根據這個規則計算出的投資配置。

從表 8-2 中可以看到，儘管在 30 歲時，我們將 70% 的資金配置在股票上，但實際上這只佔 140 萬。隨著年齡增長，股票比例下降，但累積的總資金卻逐漸增加，到了 60 歲時，反而有 300 萬投入在股票上。這意味著，股票的絕對金額隨著年齡的增長反而更多。

這正是生日規則的一個主要問題：年輕時雖然股票配置比例較高，但因資金較少，無法充分利用複利效應。而到了年長時，儘管股票比例降低，但投入股市的資金反而增多，意味著年長時面臨更高的股市風險。

▶ 表 8-2　生日規則投資法示範案例

年齡區間	本金投入	股票比例	債券比例	累積投資資金	累積股票金額	累積債券金額
30-39 歲	200 萬	70%	30%	200 萬	140 萬	60 萬
40-49 歲	200 萬	60%	40%	400 萬	240 萬	160 萬
50-59 歲	200 萬	50%	50%	600 萬	300 萬	300 萬

資料來源：作者整理

這樣的資產配置導致了一個「頭輕腳重」的問題。你可能認為 30 年的投資時間夠長了，但實際上，真正能享受股票長期複利效應的資金並不多。例如，這 30 年間你總共投入了 600 萬，但最早開始複利滾雪球的資金其實只有最初的 140 萬。而當你年紀增長，應該逐步降低風險時，反而有更多資金投向了股票，這加大了晚年時期的市場風險。

因此，我們需要重新思考資產配置策略。如何在年輕時期充分利用高風險承受能力，增加對成長型資產的投入，並在晚年逐步轉向保守型資產配置，才能讓整個投資生命週期更加均衡。

接下來，我們將介紹一個新的資產配置模式：生命週期投資法。這是一種能夠更好地利用投資者整個人生週期的風險承受能力，並最大化長期回報的策略。

"生命週期投資法（Lifecycle Investing）：分散時間的智慧投資"

生命週期投資法是一種不同於傳統的資產配置方法，由諾貝爾經濟學獎得主保羅·薩繆森（Paul Samuelson）提出。這個策略強調，我們應該根據一生的總財富來配置投資，而不是只看當下的資金有多少。

這個方法的核心思想是：年輕時應該充分利用你的高風險承受能力，積極投入股市，甚至可以使用槓桿，利用借錢來增加投資金額。槓桿比例建議最多開到 2 倍，也就是說，如果你打算投入現金 100 萬，最多可以再借 100 萬，讓總投資額變成 200 萬。這樣的做法使得年輕時的投資規模擴大，從而能夠更早、更長時間地享受股市的複利效應。

這樣做的好處在於：年輕時你有能力承受市場波動，並且未來的收入潛力可以支撐這些風險。同時，因為投資時間拉長了，股市累積複利效應更大。隨著年齡增長，應逐步減少槓桿，並轉向更保守的資產如債券，以確保接近退休時的投資組合更加穩健，避免市場波動對退休金的衝擊。

與一般投資建議「不要借錢開槓桿」不同，生命週期投資法主張在投資生涯早期適度使用槓桿，這樣年輕時能夠進行更大規模的股市投資。從你一生能賺的財富總額來看，你在年輕的時候，本身資金是少的，所以適度借款投資也就是適度的開槓桿、增加曝險部位，讓資金投入股市的時間更加分散，這樣是更合理的策略！

　　這種方法能讓投資生涯中的風險與回報更加均衡，避免了年輕時投入太少、老年時投入過多的「頭輕腳重」問題，確保在整個投資期間都能充分享受市場增長的紅利。因此，生命週期投資法也被稱為「分散時間投資法」，不同於傳統的資產分散，它更注重在不同人生階段中的分散投資。

生命週期法的典型案例：房地產投資

　　一個容易理解的生命週期投資法的例子就是房地產投資，買房其實就是一種分散時間的投資策略。

　　買房是許多人一輩子的夢想，很少人是用全現金買房，而是會跟銀行貸款，這跟借錢投資很像，只不過你是用跟銀行借來的錢買房。假如你現在買一棟一千萬的房子，付出兩百萬的自備款，剩下的八百萬向銀行貸款，相當於你使用了五倍槓桿。隨著貸款逐漸償還，槓桿比例會逐漸降低，這是一種自然的分散時間策略。

　　然而，買房也有風險。如果房價下跌，你的資金幾乎都壓在一間房子裡，沒有分散投資，而且房子的流動性較差，這意味著當你想要賣房變現時，可能並不容易。這也是為什麼生命週期法會用在流動性好，而且能分散風險的股票大盤 ETF 上。

生命週期投資法的優點

　　這種投資方法到底有什麼優點呢？它值得你去借錢投資嗎？讓我們來看看。

1. **提高報酬**：根據研究顯示，從 1871 年到 2009 年，使用生命週期投資法可以

大幅提高退休金的收益。在相同風險水平下，這種方法的獲利可以比傳統的股債 60／40 配置多出 25% 至 74%。這是因為槓桿的使用放大了你的投資回報率。

2. **降低風險**：雖然開槓桿看似增加了風險，但從長期來看，這其實可以幫助你平衡年輕和年老時的投資比例。傳統的投資方式通常在年老時持有更多股票，風險較高。而生命週期投資法則透過早期槓桿投資，讓這種不平衡變得更小，從而降低整體投資風險。

"案例解析：生命週期法的運用"

生命週期法，總共分為三個階段：

- 早期階段：全力投入股市攻擊型資產，並且適度槓桿（最多 2 倍槓桿）。
- 中期階段：逐步降低槓桿比例。
- 晚期階段：重視防守型資產配置，調整成你希望的股債配置比例。

讓我們透過一個實際操作案例來更好地理解這一方法，操作步驟如下。

第一步驟：先計算一生會投入的總資金，並規劃適合自己的股／債配置比例

假設以下條件：

1. 從 30 歲開始投資，每 10 年投入 200 萬，直到 60 歲，總共投資 600 萬。
2. 目標是到 60 歲時達到股債 50／50 的配置。

第二步驟：計算最後應投入股市的金額

根據上面的條件，我們預計會有 600 萬本金。那麼 50% 的股市配置應為：600 萬 ×50％ ＝ 300 萬。

第三步驟：分三階段逐步達成目標

1. 早期階段（30～40 歲）：全力投入股市，適度槓桿

- 在這個階段，你應該積極進取，把大部分資金投入股票市場，甚至使用槓桿來提高曝險比例。

- 股票比例：可以達到 100%，甚至使用槓桿讓股市更多曝險。

  槓桿使用：槓桿最多可將曝險提升 2 倍槓桿，假如擁有 100 萬資金投入股票，最多再借 100 萬槓桿資金，讓總資金變兩倍，也就是最多 200 萬的股市投資。

- 案例示範：初始投入 200 萬，因為希望股市最高曝險 300 萬，現在可以再借 100 萬，變 1.5 倍槓桿滿足股市曝險需求。

2. 中期階段（40～50 歲）：逐步降低槓桿

- 進入中期階段，你應開始逐步減少槓桿，降低股市曝險，同時增加債券的比例。

- 股票比例：在達到足夠曝險金額後，逐步降低槓桿至零。

  槓桿使用：開始還清槓桿，減少曝險。

- 案例示範：投資金額再投入 200 萬，總投資額達到 400 萬。

  因為要有 300 萬股市曝險，在上一階段已經達成，所以現在開始還款，把新投入的 200 萬資金，先還完上一階段的 100 萬槓桿，剩下 100 萬就可以投入債券部位。

3. 晚期階段（50～60 歲）：重視保守資產配置

- 在這個階段，投資者應進一步降低股票比例，轉向更保守的資產，如債券和現金，保護已累積的財富。

- 股票比例：配置適當債券，達到理想的股債配置。

  槓桿使用：此時完全停止槓桿操作，以免在退休前面臨不必要的風險。

- 案例示範：投資金額再投入 200 萬，總投資額達到 600 萬。

  已沒有槓桿，同時達到預期股債配置 50／50 的目標，兩個各 300 萬的資金部位。

生命週期投資法主張在年輕時積極使用槓桿，隨著年齡增長逐步減少曝險，這樣能讓投資生涯的風險和回報達到最佳平衡。不過，由於槓桿會增加風險，此策略並不適合所有人，需要更多的學習與謹慎運用。

對此有興趣的讀者，建議參考《諾貝爾經濟學獎得主的獲利公式（Lifecycle Investing）》一書，來深入了解這一投資法的應用。

小吳醫師接下來會提出自己對生命週期法的思考與實際做法，在這之前讓我們一起來看看生命週期投資法的缺點。

"生命週期投資法的缺點"

在實際操作中，生命週期投資法面臨以下幾個挑戰：

難以預測一生的財富

生命週期投資法強調根據一生的財富進行投資配置，但準確預測一生的財富極為困難。每個人的收入、支出、生活變故、健康狀況等因素都會影響最終財富，比如有些人工作或事業模式不穩定，難以預測每年收入。同樣，也無法準確預測加薪、獎金，甚至遺產收入。相反，經濟衰退、裁員或減薪等可能導致收入大幅降低。

槓桿使用的風險

生命週期投資法的一大核心是使用槓桿來增加年輕時期的股票投資比例。然而，槓桿如同雙刃劍：市場上行時，它可以放大收益；市場下行時，它也會放大損失，甚至可能導致資產歸零的風險。

雖然作者建議投資者長期持有，認為未來收入能夠彌補損失，但實際操作中，面對巨大的虧損壓力，很多投資者難以保持冷靜。

獲取低風險槓桿的難度

槓桿本身有成本，找到低風險且利率低的槓桿工具並不容易。常見的槓桿方式如房貸、信用貸款、融資、期貨、槓桿 ETF 等都帶有風險和利息成本。如果槓桿成本過高，或風險過大，可能會抵消投資的收益。因此，投資者必須謹慎評估槓桿的成本和風險，確保利率低於股市預期回報率，並且槓桿風險可控制。

實施的複雜性

傳統的股債配置只需定期再平衡即可，而生命週期投資法要求你不斷調整槓桿和投資組合，這需要投入大量時間和精力。對於那些沒有專業知識或時間的投資者來說，這是一大挑戰。這種策略涉及槓桿使用、定期再平衡，還要根據市場變化及時做出調整，這都需要投資者有相當的經驗和判斷力。

情緒管理和賭徒心態的挑戰

投資本身容易受情緒影響，使用槓桿投資更需要強大的情緒管理能力。在市場上漲時，投資者可能變得過度自信，忽略風險；在市場下跌時，恐懼情緒可能導致錯誤決策，甚至出現賭徒心態，企圖加碼挽回損失，這樣反而可能加大風險。

"從生命週期中學到的智慧：小吳醫師的成長錢包與價值錢包"

對我來說，生命週期投資法帶來了一個巨大的啟示：適度借錢投資，反而可以降低風險。

這種觀點顛覆了傳統認知，但如同前面所提到的，槓桿是一把雙刃劍，因此在實際應用時，我會格外謹慎，並設下一些限制條件，確保風險在可控範圍內。

第一點：擁有穩定收入的工作或事業

只有在收入穩定且可預期的情況下，我才會考慮使用槓桿。如果本身有不良債務，千萬不要開槓桿，這只會加重財務風險。反之，當收入穩定且現金流健康，銀行會更願意借貸。這就是為什麼槓桿的前提是必須擁有一個穩健的財務基礎，並確信自己有能力償還貸款。

第二點：槓桿使用的限制

我不會立即使用兩倍槓桿。相反，我會將槓桿比例控制在 30% 左右，這個比例類似一些穩健企業像台積電的負債率。這樣，即使市場狀況不佳，我也有信心能夠透過收入償還債務。因此，使用槓桿前，你必須確保自己能應對槓桿帶來的風險。

第三點：槓桿的使用時機依市場狀況而定

我只有在認為資產被低估的時候才會開啟槓桿，在資產被高估時，我會主動降低槓桿。同時我會每隔一段時間，模擬如果手上穩健資產突然黑天鵝閃崩腰斬時，我能不能承受目前槓桿的虧損效應。

因此小吳醫師如圖 8-1，在不同人生階段使用成長錢包與價值錢包。

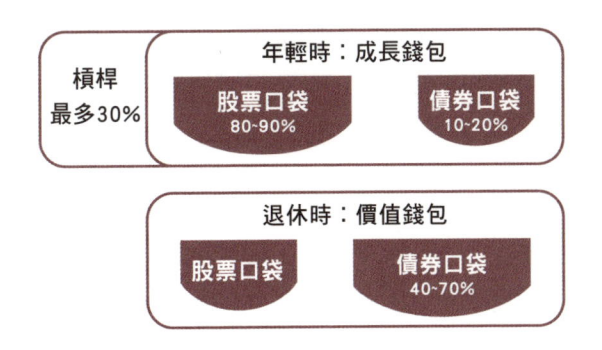

```
                年輕時：成長錢包
    槓桿      ┌─────────────┬──────────┐
   最多30%    │  股票口袋    │ 債券口袋 │
              │  80-90%     │ 10~20%   │
              └─────────────┴──────────┘

                退休時：價值錢包
              ┌─────────┬──────────────┐
              │ 股票口袋 │   債券口袋    │
              │         │   40~70%     │
              └─────────┴──────────────┘
```

▶ 圖 8-1 成長錢包 vs 價值錢包。

資料來源：作者整理

小吳醫師的成長錢包

在 50 歲前的第一階段，我會將原本的「老闆錢包」轉變為「成長錢包」。這個階段的資產配置有三個特點：

1. **槓桿控制**：我最多只開 30% 的槓桿，並且會將第一階段拉得比生命週期法更長。

2. **大幅增加股票部位**：股票口袋的部位會提升至 80～90%。

3. **不完全捨棄債券**：我仍會保留 10～20% 的債券，主要作為應急資金的來源。萬一人生中發生突發狀況，除了緊急預備金，這部分債券也能幫助我因應不時之需。

隨著年紀增長、成長錢包累積的資金變多，到了 50 至 60 歲，我會開始逐步減少槓桿，並逐漸轉向「價值錢包」。

小吳醫師的價值錢包

進入 60 歲之後，隨著工作和事業收入減少，我需要增大債券配置來保護整體資產。這時的資產配置像老闆錢包一樣，會根據我能承受的市場波動來規劃比例。

取名為「價值錢包」是提醒自己和讀者，雖然到了退休階段，應增加保守資產，但不應完全轉向債券或現金，而是思考能承受的波動風險，至少配置部分攻擊型資產，才能保存整體錢包的價值。這時，債券口袋的配置建議約 40～70%，我個人會選擇 50% 的債券配置。

原因會在後面章節進一步解釋，現在只需理解由於壽命延長，65 歲退休後還可能有 30 年的生活需要資金支持。如果資產配置過於保守，可能導致資金快速貶值，面臨「坐吃山空」的風險。

對新手投資者的建議

對於剛開始投資的朋友，我建議不要輕易開槓桿。至少在投資的前幾年，應該專注於理解自己投資的屬性，找到適合自己的策略。最好經歷過一次熊市，確認自己在市場崩跌時能保持冷靜，繼續堅持自己的投資計畫，並不被市場波動所左右，這樣才可以考慮槓桿投資。

生命週期投資法給所有投資者的重要啟示是：年輕時應該適度冒險。

你可以不開槓桿，但在資產配置上，應該允許攻擊型資產占較高比例。選擇穩健的攻擊型資產，比如全球型大盤指數 ETF，能讓你更放心地在股市中加大投資比例。這樣做的好處是，即便股市出現 40% 的崩盤，你仍然能睡得安穩，因為你有充足的時間等待市場反彈，甚至可以趁低價買入更多股票。

所以，在資產配置時，除了根據你能接受的下跌風險進行思考，在理解了生命週期投資法後，年輕時應更加積極承擔風險，投入穩健的攻擊型資產，讓你的資金在市場中更長期地運作。

Chapter 9

進階冒險箱——反向槓鈴策略，小吳醫師用 10% 努力超越大盤的祕密

在上一章中，我們了解到年輕時可以承受更多風險，從而獲得更高回報。因此，如何在控制風險的同時最大化獲利，這個問題變得尤為重要。傳統的槓鈴策略為我們提供了一種分散風險的方法，但我總覺得這並不是最終的答案。尤其當我接觸到像加密貨幣這樣的高風險、高回報新型資產時，這個問題更加迫切：「如何在保護資產安全的同時，抓住這些潛在的巨大機會？」

這樣的思考，最終催生了進階冒險箱：反向槓鈴策略。

"一場意外，發現了反向槓鈴策略„

2019 年的某一天，我參加了一場關於加密貨幣的線上研討會。講師的分析條理分明，讓我眼前一亮，這套系統滿足了我對「好投資系統的五大關鍵要素」的所有要求。當天晚上夜深人靜，我靜坐在書桌前，反覆檢視我當前的股債配置，心裡開始掙扎。

「我知道指數化投資的長期複利是最穩健的道路，但加密貨幣的這次機會實在太吸引人了，我應該怎麼辦？這會不會是一場龐氏騙局，或者只是個陷阱？」

當時，我已經有了穩健的財務規劃，並清楚每年該存下多少金額以確保退休生活。於是，我開始盤點資金狀況，扣掉我既定的投資部分後，發現還有一筆額外的資金。

那一刻，我做了一個決定：把這筆額外資金投入加密貨幣市場。心中告訴自己，即使這次投資失敗歸零也無妨，因為它不會動搖我的整體財務規劃和退休

計畫。我把這筆投資視為「不存在」，完全放手不管。

兩年後，加密貨幣市場大漲，新聞報導紛紛提到歷史新高，我這才想起這筆投資，發現它竟然已經上漲了 500%。這是我第一次在高風險投資中獲得如此巨大的收益。

這次經驗讓我開始思考，「這樣的做法能否成為一個方法，既能保護我的資產不受劇烈波動的影響，又能抓住高風險投資中的致富機會？」

我發現，這與傳統槓鈴策略有相似之處，但又有所不同。傳統的槓鈴策略建議將所有資金的 5% 至 10% 投入高風險項目，而我的做法是先確保核心的股債配置足夠穩健，然後將剩餘的資金投入冒險的投資，即使失敗，也不會影響整體規劃。

換句話說，槓鈴策略用的是相對比例來分配資產，而我採用的是絕對數值來考慮，先確保足夠的安全投資部位，然後將剩餘的資金投入高風險資產。這樣「進階冒險箱」反向槓鈴策略就誕生了。

"反向槓鈴策略的關鍵：絕對值思考„

傳統的槓鈴策略通常建議將 5～10% 的資金投入到高風險、高回報的投資中，另外 90～95% 的資金則投入到防守型資產中，這樣可以平衡風險和回報。然而，當我們想要面對新的投資機會，並且想投入更大部位的時候，這種百分比思維可能並不足夠，這就是為什麼我提出「絕對值思考」的重要性。

什麼是絕對值思考？

簡單來說，絕對值思考是關注實際投入的金額，而不僅僅是百分比。這樣的思考方式可以讓我們更具體地感受到每筆投資的風險和潛在回報，特別是當面對高風險、高回報的投資機會時。

為什麼不單靠百分比來做資產配置？

百分比思維有時會讓人掉入一種盲點，認為只要比例合適，風險就能被控制。然而，實際上，這取決於你的資金量和你個人的財務目標。比如，你有500萬的資金，如果用傳統槓鈴策略的比例來配置，可能會是這樣：

- 5% 高風險投資：25 萬
- 95% 低風險投資：475 萬

這看起來很保守，但問題是如果這 25 萬的高風險投資成功了，比如翻了五倍，你會賺到 125 萬。但是，25 萬的初始投資對你 500 萬的總資金來說，比例過小，即使大幅度增值，對你整體財務的影響也有限。

絕對值思考如何平衡風險與報酬？

假設你用絕對值思考的方式來配置這 500 萬，你會先問自己：「實際多少資金放在安全資產，才足以讓我安心？」假設這個「安心數字」是 300 萬，那麼這 300 萬將用來投入低風險的投資，確保你的基本財務安全。

剩下的 200 萬，你可以更靈活地投入高風險的投資，比如加密貨幣、成長型股票或者其他新型投資機會。這樣的配置方式有以下好處：

- **確保基本安全**：300 萬的低風險資產足以保障你的生活和未來的基本需求，這部分資金的安全性給你足夠的心靈平靜。

- **提高收益潛力**：200 萬的高風險投資部分，即使有損失，你的基本生活和財務目標仍然穩定。但如果這部分投資成功，它能顯著增長你的財富。

- **更大靈活性**：用絕對值思考，你可以根據自己的財務狀況和目標靈活調整投資，而不是一味地遵循某個固定比例。

"進階冒險箱：反向槓鈴策略的四層保護"

反向槓鈴策略的核心思想是，首先要確保保守型投資的絕對金額是否足夠安全。每個人對於「足夠安全資產」的定義可能不同。舉個例子，如果你的投資資金已經足夠支持你的退休生活，或者你擁有足以支撐 10 年生活的資金，即使高風險投資的回報一開始不如預期，你也不會過度擔心。

當你確保了防守型投資的安全金額後，就可以把剩餘的資金投入到高風險、高回報的投資上。這樣一來，你的投資思維不再侷限於傳統的投資方式，而是可以跳脫股票和債券 ETF 的限制，探索新的投資機會，比如投資實體公司、房地產，甚至是加密貨幣。

但這些投資需要仔細評估，至少符合我們在第五章中提到的有效投資系統，並且你相信成功的機會大，獲利潛力高，回報有可能超過大盤，下跌你可以承受。你可以考慮使用進階冒險箱的做法來投資。這種方式能夠追求更高的收益，同時在心理上也會感到踏實和安全。因為投入較多高風險部位，進階冒險箱在實際投資時需要做好四層安全保護。

第一層：緊急預備金保護

反向槓鈴策略中，整體資產的波動性會增大。因此，我們需要準備足夠的緊急預備金，以防突發事件需要用錢而不得不賣出投資部位。除了常見的 6 個月緊急預備金，小吳醫師建議至少準備 1 到 2 年的生活費用。

第二層：保險保護

意外和疾病往往無法預測，所以擁有足夠的保險保障是必要的。確保你的保險能夠覆蓋重大意外或疾病，這樣即使發生不測，你的財務狀況也不至於受到嚴重影響，甚至波及家人。

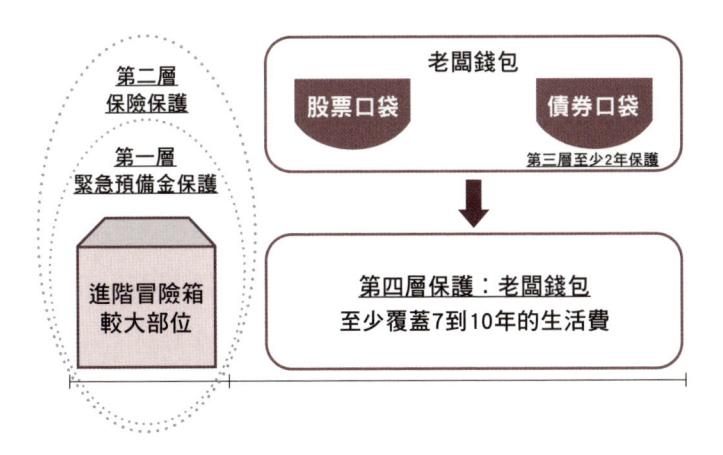

▶ 圖 9-1　進階冒險箱的四層保護。

資料來源：作者整理

第三層：債券口袋保護

要有冒險箱，前提是有安全的資產，所以第三層是債券口袋應該達到一定的絕對數字，這部分資金用於應對極端的黑天鵝事件。當緊急預備金用完，保險還沒審核下來時，就可以用債券口袋來因應，建議這部分資金至少能夠支持 2 年的生活費。

第四層：老闆錢包保護

因為老闆錢包是支持冒險箱最重要的力量，所以要確保老闆錢包有足夠金額。建議至少覆蓋 7 到 10 年的生活費，這樣即使市場出現較大波動，你依然有足夠的保護，有信心長期資產會上漲。

上面的數字可以根據個人情況進行調整，但關鍵在於當你承擔的風險越大，這四層保護中，尤其是保守型資產的比例就應該更高。當然，如果真的發生意外，你也可以選擇賣出部分高風險投資部位，以降低整體風險。

這就是小吳醫師的進階冒險箱與反向槓鈴策略，會用四層保護措施來掌控風險，同時抓住更高回報的機會。

"關於反向槓鈴策略的提醒"

如果你正在考慮實行進階冒險箱與反向槓鈴策略，這裡有一個重要的提醒：這個方法並不適合所有人，因為它相對提高了資產波動的風險。特別是剛進入職場、資金尚未充裕的年輕人，更不應該輕易採用這種策略。

為什麼這樣說呢？因為投資的核心在於長期穩定的累積，而不是追求一夜致富，反向槓鈴策略只有在你有一定資金儲備的前提下才有效。就像我們之前提到的四層保護，**擁有足夠的安全資金作為基礎是非常關鍵的**。如果你手頭只有 100 萬，只是 1～2 年的生活費金額，千萬不要急於把這些資金全部投入高風險的項目，試圖快速致富。這種做法最常見的後果就是，一旦市場波動，你的 100 萬可能會瞬間化為泡影。

這讓我想起德國股神科斯托蘭尼（Kostolany）在《一個投機者的告白（Die Kunst über Geld nachzudenken）》中的一句話：「有錢的人，可以投機；錢少的人，不可以投機。」這句話非常有道理，值得我們深思。

因此，如果你目前正處於資金積累的初期階段，更應該專注於如何提升收入，逐步累積更多的資本。這些資金應該首先投入穩健的投資組合，如老闆錢包或成長錢包。當你擁有了一定的財富基礎，也就是所謂的「一桶金」，並且可以承受更高的風險時，才適合開始考慮冒險投資。

你要知道，投資機會並不會消失，每隔一段時間就會有新的機會出現。在小吳醫師不到 10 年的投資生涯中，就遇到了兩次重大的投資機會。因此，千萬不要陷入「錯過了這次，未來就沒有機會」的迷思。這才是應該學習的正確投資觀念。「有錢的人，可以投機；錢少的人，不可以投機」這句話值得我們每一個投資者再三品味。

"進階投資法的核心觀念"

讓我們來整理一下這幾章中，小吳醫師想傳達的進階投資策略核心：不要

盲目追求最高的報酬，而忽略下跌的風險。所有進階投資的原則都圍繞如何有效管理風險。正如巴菲特的名言所說：「第一條，不要讓本金虧損；第二條，絕對不要忘記第一條。」這是每位投資者都應牢記的基本原則。

無論是初階冒險箱還是進階冒險箱，它們的中心思想都是確保你擁有足夠的防守型投資部位，讓你在任何市場情況下都能安心入睡。這意味著，你應該做好四層防護：足夠的緊急預備金、完善的保險安排、穩健的保守型資產配置，以及充實的老闆錢包。這些措施將幫助你在市場波動中保持穩定，即便面對不確定的未來，也能擁有財務上的安全感。

同時，我們也討論到，在年輕時期，如果你的現金流可以穩定掌控，則可以考慮適度使用槓桿來增加投資回報。然而，一切的前提是風險可控。槓桿的使用應該基於謹慎評估，並且必須有清晰的退出策略。不然採用小吳醫師的成長與價值錢包策略，依據生命週期進行資產配置，也是一個可考慮的選擇。

要成為一個成功的投資者，並不需要過於複雜的技巧，根本在於謹慎管理風險，並為各種可能的情況做好準備。保持耐心與紀律，並在適當的時機抓住市場機會，這樣，你不僅能夠保護你的財富，還能實現財務上的長期穩定與增長。

PART

更高的投資視野
—
資產輪動循環
Wealth Cycle

3

這是一個歷史知名的投資故事，18 世紀的法國，經濟危機如陰影般籠罩著整個國家。長期的戰爭和路易十四奢華的宮廷生活，使法國國庫幾乎枯竭，國債累累。國家財政陷入困境，急需找到解決經濟危機的方案。

這時，來自蘇格蘭的金融家約翰・勞（John Law）登場了。他帶著一個顛覆傳統的金融計畫來到巴黎，他主張紙幣可以取代金銀成為貨幣，並透過增加信用來促進經濟繁榮。「我們不需要依賴金銀，信用足夠時，紙幣也可以創造前所未有的繁榮！」他滿懷信心地告訴路易十五的財政大臣們。

法國政府正面臨嚴重的財政危機，對勞的大膽構想深感興趣。於是，1716 年，勞獲得了法國政府的支持，創立了通用銀行，開始發行紙幣。這些紙幣由法國政府背書，迅速在市場上流通，許多人都相信這是解決經濟困境的靈丹妙藥。

但勞的野心不止於此。1717年，他成立了密西西比公司，這家公司擁有法國殖民地的開發權，特別是美洲密西西比河流域。他宣稱這片土地蘊藏著無窮無盡的財富：黃金、白銀和巨大的商業機會。「只要你們買入公司的股票，未來的財富將像密西西比河一樣滾滾而來！」這一宣傳吸引了大量的投資者。

　　密西西比公司的股票迅速上升。到了1719年，股價從500利弗爾（Liver，法古代貨幣單位）飆升至1萬利弗爾，達到了近20倍的驚人增幅。巴黎的街頭巷尾充斥著一夜暴富的故事，無論是貴族還是平民，都爭先恐後地湧入股市。為了購買股票，有人甚至賣掉了房產，甚至舉債。所有人都認為，這是財富自由的黃金機會。

　　然而，這一切繁榮的背後，隱藏著巨大的風險。密西西比公司的殖民地並未如勞宣稱的那樣豐饒，開發難度遠超預期，收益也不及預想。更糟的是為了維持股價的上升，勞不斷發行更多的紙幣，導致市場上的貨幣供應過量，物價飛速上漲，通貨膨脹急劇惡化。

到了 1720 年，投資者開始對密西西比公司的未來產生懷疑，股價迅速下跌。隨著恐慌蔓延，投資者紛紛拋售股票，股市崩盤。一夜之間，曾經的巨額財富化為烏有。那些在高價買入股票的投資者，無法收回任何投資，許多人因此傾家蕩產。

法國的金融體系也隨之崩潰。過量發行的紙幣變得一文不值，法國經濟陷入惡性通貨膨脹。最終，法國政府不得不放棄紙幣，重新回到金銀本位制。約翰·勞的金融實驗以災難告終，他本人被迫逃離法國，流亡至其他歐洲國家，最終在貧困中去世。

"投資老師忽略的事實：貨幣崩潰的教訓，打造「小金庫」與「資產池」"

約翰·勞的故事告訴我們，經濟繁榮背後總是藏著風險，歷史一再證明，依賴紙幣和不穩定資產最終會導致崩潰。所以在這篇中我們會用歷史的視角，學習重要的資產輪動循環 Wealth Cycle，並且在追求高回報的同時，我們必須建立一個穩固的「小金庫」。

小金庫是你的財富保護墊，應該由黃金等實體資產構成，因為黃金在經濟危機時仍能保值。它能在市場波動中為你提供安全感，確保你的資產不會隨紙幣貶值而消失。

除了小金庫，還要打造一個平衡的資產池，包括「冒險箱」和「老闆錢包」等多樣化投資。這樣，即使市場震盪，你的財富也能穩定增長，不會被泡沫吞噬。

投資老師可能會向你推薦那些看似能快速獲利的機會，但真正的財富保護來自平衡風險、建立穩固的「小金庫」，以及一個多樣化的「資產池」。這才是投資長期成功的關鍵。這是第三篇我們想跟你分享的內容。

Chapter 10
投資新視野——
超越 10 倍大盤報酬的致富機會

　　當我們討論「老闆錢包」時，我們談的是一種被動投資策略，許多投資者選擇這條道路來投資於長期看來似乎持續上漲的市場，這種策略依賴於市場的平均長期回報，看起來穩定而無懈可擊。然而，在股市不斷創新高的當下，一個根本的疑問悄然浮現：這種持續上漲真的可持續嗎？或者，我們是否正處於一個泡沫之中？

　　對於那些想要超越「老闆錢包」的主動投資者來說，了解那些市場未知的信息變得至關重要。可是當前的股市面臨著信息過載、競爭激烈和市場效率提高的挑戰，這些因素壓縮了潛在的回報率，即使最勤奮的投資者也可能感到力不從心。這是一個典型的零和遊戲，其中大多數散戶投資者難以與專業基金操盤手競爭，真正能獲利的贏家寥寥無幾。

　　這些挑戰提醒我們，僅依靠傳統的股市策略來追求高回報已不再現實。因此，我們需要探索新的投資策略，跳出傳統股市的框架，尋找那些競爭較低但潛力巨大的新領域。這就是本篇文章的主題。

　　從 2000 年的人類歷史角度出發，我們將探索如何在市場中發現未被充分利用的投資機會。我將介紹「**資產輪動循環（Wealth Cycle）**」和「小金庫策略」——這些全新的投資方法，希望能幫助你在不確定的市場中找到新的途徑。這個策略將引導你了解如何最大化你的投資效益。

　　準備好與我一起開啟新的投資旅程了嗎？讓我們來了解「週期」，開始吧！

"掌握週期，輕鬆預測未來"

週期，其實在我們生活中隨處可見，像是天氣的變化、四季的更替，甚至是從醫學角度看到的人生階段——生老病死，這些都是無法迴避的自然週期。如果你能理解週期的規律，就能更清楚地預測下一階段可能的變化，這可是價值連城，對投資尤其重要。

那麼，投資中有哪些週期呢？我們常聽到經濟週期理論、康波週期、波浪理論，但我認為最簡單、直接的就是資產輪動循環（Wealth Cycle）。在深入介紹這個概念前，先來看看當前的現象：物價上漲，資產上漲，房地產也在上漲，似乎一切都在漲，這是否打破了我們對週期的認知？

根據基本經濟學理論，當你花錢買了蘋果，理論上你就不能用同一筆錢再買橘子，所以大多數人買蘋果則蘋果產業興盛，橘子產業就要沒落，這是基本的經濟原理。而全民瘋股市，房地產就應該要萎縮，但現在卻感覺所有的東西都在上漲，這樣完全不符合道理。

這現象背後其實與政府的貨幣貶值有關，導致全部資產長期上漲（之後會有章節更深入討論）。

那是不是只要瘋狂買資產就能賺錢呢？其實不是這樣，有些資產可能正處在泡沫高點，如果你不小心在這時買入，一旦泡沫破裂就損失慘重，所以我們需要有一個評估資產是否高估的方法。問題在於怎麼判斷資產的估值？難道要深入研究財報、數據、模型嗎？其實，有一個更簡單的方法。

這個方法就是用一個比較穩定的參考標準來評估資產——而這個標準就是黃金。黃金在人類歷史上已經有兩千多年的「貨幣」地位，而且產量相對穩定。當你用黃金來衡量其他資產時，你會發現投資世界完全不一樣了，你能輕易看出哪些資產被高估，你會發現被大多投資專家忽略的投資機會。

接下來，讓我們看看黃金作為評估工具有多大的威力吧！

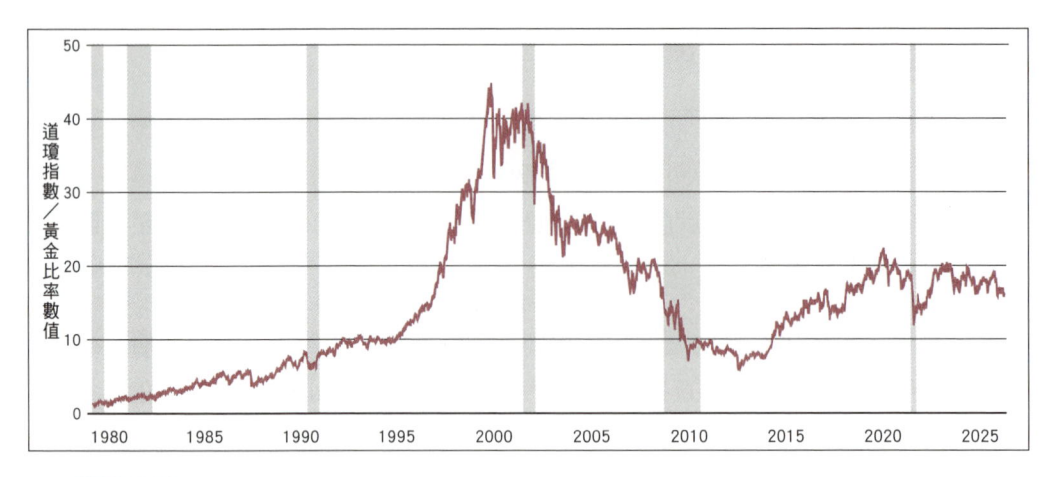

▶ 圖 10-1　道瓊指數／黃金比率。

資料來源：財經 M 平方

"以黃金透視股市：輕鬆找到被低估的資產„

　　我們大多習慣用法定貨幣來衡量資產價值，還記得在第一章中，我們提到的 30 年道瓊上漲圖嗎？看著道瓊指數一路上漲，給人一種「只要長期持有股票，就一定會賺錢」的感覺。長期上漲正是被動投資的基礎。然而，這個觀念真的一直成立嗎？股市真的不會長期下跌或盤整嗎？

　　如果換個角度，用黃金來衡量股市，你會發現一個完全不同的故事。

　　圖 10-1 展示了用道瓊指數除以黃金後得到的結果，當我們用黃金來看道瓊指數時，發現股市並不是一直穩定上漲的，事實上，股市經歷了巨大的波動：有時相對於黃金，它急速上漲；有時則大幅下跌。這些波動揭示了市場中的泡沫與危機，也反映了不同時期投資者對黃金和股市的不同偏好。

　　透過這樣的視角，週期規律重新以不同面貌展示在我們面前，我們能更清楚地看到股市的真實價值波動。價值投資者和技術分析師總是想要找出某個資產是高估還是低估，然而很多人往往只專注於一個領域的資產分析，卻忽略了其實還有更簡單的全局評估方法。

用黃金來透視股市，就是這個被許多人忽略的簡單卻有效的方法。

"Wealth Cycle：用更高維度視野看投資„

現在，我們來介紹一個重要的概念：**資產輪動循環（Wealth Cycle）**。英文能更直觀展示它的意涵，之後我們都會直接稱呼它 Wealth Cylce。

<u>**資產輪動循環（Wealth Cycle）代表資產是輪動上漲，周而復始，呈現一個循環波動**</u>。Wealth Cycle 很容易被人忽略，因為多數人衡量一個資產都是用不斷貶值的法定貨幣來衡量的。

唯有選擇一種相對穩定的實物資產，比如黃金作為基準指標，然後透過其他資產除以黃金的圖形，我們就能輕易發現 Wealth Cycle，並且看出哪些是被低估的資產。

這樣就能發現市場不知道的事，做出投資決策；當資產被低估時，我們買入，然後等待它上漲，資產高估甚至泡沫時賣出，這樣就能夠抓住致富的機會。

讓我們來看一個具體的例子：圖 10-2，100 年（1920～2020 年）中道瓊指數和黃金的 Wealth Cycle。

在這個 100 年的趨勢圖中，你可以看到三次大的週期波動：

1. **上升週期**：1920～1929 年、1950～1970 年、1980～2000 年，這些時期是道瓊指數相對於黃金上漲的時期，也就是說，這是投資股票的好時機。

2. **下降週期**：1929～1932 年、1970～1980 年、2000～2010 年，這些時期是道瓊指數相對於黃金下跌的時期，這意味著黃金相對更有吸引力，這是投資黃金的好時機。

這樣的 Wealth Cycle 告訴我們，不同時期的資產表現會有所不同，如果你能在資產被低估時買入，就能在循環轉向時獲利，這就是 Wealth Cycle 的精髓。

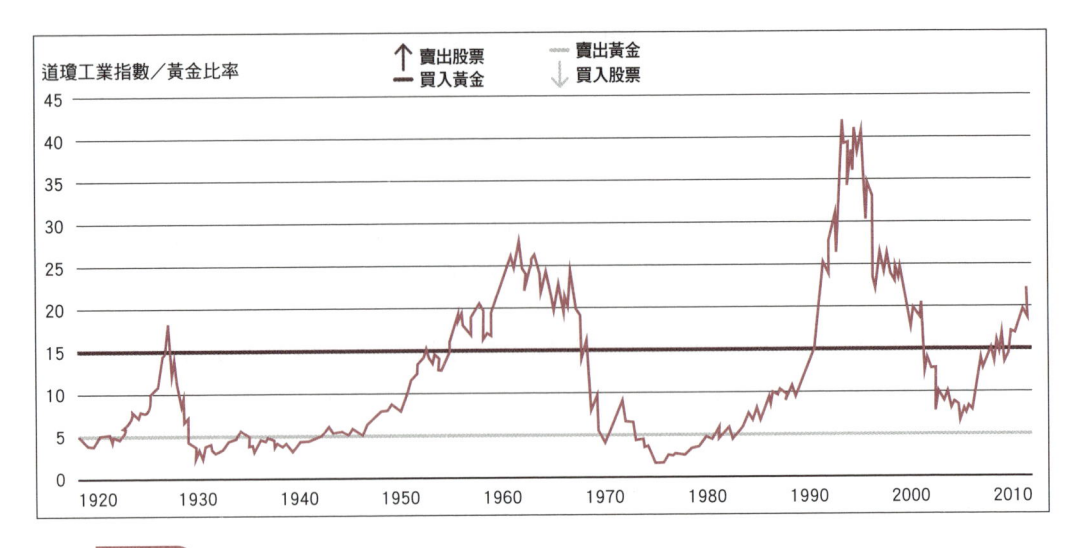

▶ 圖 10-2　1920 年之後道瓊指數／黃金比率圖。　　　　　　資料來源：作者整理

了解不同資產的上升和下降週期，並利用這些信息來做出明智的投資決策，這不僅可以幫助我們更好地管理風險，還能讓我們抓住機會，在不同的經濟環境中靈活調整資產配置，從而實現更高的回報。

"Wealth Cycle如何讓你打敗長期持有股市大盤„

如果我們能在道瓊／黃金比率的週期高點做出決策，賣出股票買入黃金，然後在週期低點，賣出黃金買入股票，這樣的操作會帶來什麼結果呢？

為了讓大家更好地理解這一點，我們將使用道瓊指數作為標的，進行簡化分析。

長期持有股市大盤

假設我們從 1920 年年初開始，持有 1 股道瓊工業指數：

- **1920 年初**：1 股道瓊工業指數，價值 107.23 美元

- **2024 年初**：1 股道瓊工業指數，價值 37,566.22 美元

這樣的投資會帶來約 350 倍的回報，看起來相當不錯，對吧？

Wealth Cycle 策略

表 10-1 展示了我們如何使用 Wealth Cycle 策略進行投資。這個策略的核心是根據道瓊工業指數與黃金的比率進行買賣決策；在比率較高時賣出股票買入黃金，在比率較低時賣出黃金買入股票。

現在，我們來看一下使用 Wealth Cycle 策略的結果。

▶ 表 10-1　**Wealth Cycle 策略結果**

	時間	道瓊／黃金比率	投資動作	原本資產	換取資產
初始投資	1920	5	持有	1 股道瓊指數	
第一次買賣	1930	17	賣股票，買黃金	1 股道瓊指數	17 盎司黃金
第二次買賣	1932	4	賣黃金，買股票	17 盎司黃金	4.25 股道瓊指數
第三次買賣	1968	25	賣股票，買黃金	4.25 股道瓊指數	106.25 盎司黃金
第四次買賣	1980	3	賣黃金，買股票	106.25 盎司黃金	35.41 股道瓊指數
第五次買賣	2000	40	賣股票，買黃金	35.41 股道瓊指數	1416.4 盎司黃金
第六次買賣	2010	6	賣黃金，買股票	1416.4 盎司黃金	236 股道瓊指數

資料來源：作者整理

結果換到 236 股道瓊指數，2024 年初道瓊指數每股價值 37,566.22 美元，總資產價值為 8,865,627.92 美元，這意味著獲得了 82,600 倍的驚人投資回報。

簡化策略：不追求精確高低點

聰明的讀者可能會說，那是理想化的投資，實際操作中很難在最高或最低點進行轉換。因此，我們可以使用更簡化的策略，不精確追求高低點，只要比率超過 15 以上就賣出股票買入黃金；比率低於 5 以下就賣出黃金買入股票。

由於後來比率沒有低於 5，我們持續持有 135 盎司黃金。2024 年初，黃金價格約每盎司 2,066.24 美元，總資產價值約 278,942.4 美元，這意味著獲得了 2601.3 倍的投資回報，仍然遠高於長期持有道瓊指數的 350 倍回報。

透過 Wealth Cycle 策略，我們能夠在不同資產之間靈活轉換，以抓住不同時期的投資機會。即使使用簡化的策略，不精確追求高低點，Wealth Cyclee 策略仍然能大幅提升投資回報，更重要的是你不用花很多時間與精力，這正是利用資產週期的力量。理解和應用 Wealth Cycle 資產輪動循環，可以幫助你在投資世界中脫穎而出。

▶ 表 10-2　簡化 Wealth Cycle 策略結果

	時間	道瓊／黃金比率	投資動作	原本資產	換取資產
初始投資	1920	5	持有	1 股道瓊指數	
第一次買賣	1929	15	賣股票，買黃金	1 股道瓊指數	15 盎司黃金
第二次買賣	1932	5	賣黃金，買股票	15 盎司黃金	3 股道瓊指數
第三次買賣	1960	15	賣股票，買黃金	3 股道瓊指數	45 盎司黃金
第四次買賣	1976	5	賣黃金，買股票	45 盎司黃金	9 股道瓊指數
第五次買賣	1998	15	賣股票，買黃金	9 股道瓊指數	135 盎司黃金

資料來源：作者整理

Chapter 11
小金庫策略──
投資專家也忽略的懶人投資法

透過資產輪動循環 Wealth Cycle 的觀念，這帶給我們一個新的想法：我們不應該只用貶值的法定貨幣來衡量我們的財富，因為現在的 100 元和一年後的 100 元，實際價值可能大不相同。

如果我們換個角度，用像黃金這樣穩定的實物資產來衡量財富，就能更清楚地看到哪些資產正在增值、哪些被低估。如此一來，我們就可以在低估資產上多投入一些資金，等它價值回升時，獲得更高回報。

Wealth Cycle 投資的核心很簡單：當資產被低估時買進，等到高估時，再換成另一個低估的資產。如此反覆循環，讓你的財富隨著不同資產的輪動而不斷增值。

與傳統的分散投資策略不同，Wealth Cycle 投資策略不是單純持有不同類型的資產來降低風險，而是根據市場狀況靈活轉換資產。比如，有時股票表現較好，但在其他時候黃金可能更具潛力。我們不賣出換成現金，而是始終保持在市場中，等待輪動的機會。

這種投資方法提倡在不同的時期適當地轉換資產，投資只是在資產類型轉換形式，而不要賣出換成貶值的現金，我們始終保持在市場中承受風險，而且這是市場很少人知道的事。這和很多傳統投資思維有很大不同，也是 Wealth Cycle 最大的優勢。

這種方法打破了很多傳統投資的觀念。許多人習慣賺到 30% 就會想出場，但他們不知道，真正致富的關鍵是在輪動週期中長期持有那些被低估的資產，等

待它們的價值增長數倍。

在正式介紹小吳醫師的 Wealth Cycle 投資策略——小金庫策略之前，讓我們先來了解一下黃金，這個大家常聽到但其實很陌生的資產。

"黃金報酬並不比股市差：關於黃金與貨幣，你必須知道的事"

在我們了解 Wealth Cycle 的投資潛力後，有些人可能對黃金投資抱有懷疑，特別是那些深入研究過第二章的讀者。當時我們建議要打造老闆錢包，因為在過去的 200 年裡，股市大盤的表現普遍持續上漲，比黃金更具吸引力。

的確從 200 年統計數據來看，黃金的漲幅基本上只跟隨消費者物價指數（CPI）的變化。也就是說，黃金雖然能夠保值，但不具備顯著的增值潛力。因此，許多人認為黃金僅僅是一種保守的避險資產。

可是這裡有一個容易被忽視的陷阱：如果我們僅看 200 年的數據，可能會錯過黃金的真實價值。事實上，黃金的報酬並不比股市差！

黃金 VS 股市：黃金真的只是保值資產嗎？

要評估黃金是不是一項好的投資，我們需要考慮比較的對象和時段。很多人常提到股市在長期來看表現更好，但如果我們聚焦在 1971 年至 2024 年這段時間，看看具體的數據，會發現一些有趣的事情。

- 金價表現：1971 年時，金價是 35 美元／盎司，到了 2024 年 1 月，金價上升至 2,066.24 美元／盎司，增長了 59 倍。
- 道瓊指數表現：同一時期，道瓊指數從大約 900 點上升到 37,566.22 點，增長了 41.7 倍。

這意味著，在過去的 50 年裡，黃金的投資回報其實並不比股市差，甚至還

更好。這顯示了黃金在某些特定時間段內具備強勁的增值潛力。

我們聚焦在 1971 年開始是有其合理性，不是隨意擷取對黃金有利的時段。因為黃金從 1971 年 8 月起才真正成為一種獨立的資產。要理解這一點，我們需要回顧一下黃金的歷史。

黃金的歷史回顧：從金本位到美元脫鉤

早期的貨幣體系是以黃金為基礎的，這就是所謂的金本位制。二戰結束後，美國建立了布雷頓森林體系（Bretton Woods system），要求各國貨幣與美元掛鉤，而美元則與黃金掛鉤，固定 1 盎司黃金等於 35 美元。這意味著當時的美元實際上是黃金的兌換券。

然而，隨著全球貿易的快速發展，黃金的開採速度無法跟上需求，而美國也發現大量黃金開始外流。於是，1971 年，時任美國總統的尼克森宣布美元與黃金脫鉤，這就是著名的「尼克森衝擊（Nixon shock）」，而布雷頓森林體系隨之結束，金本位也宣告終結。

回顧 200 年歷史：黃金在高通膨時期表現出色

如表 11-1，讓我們來細分 200 年各個時期的資產表現，如同之前提到股票一直表現亮眼，然而在 1966～1981 年代高通膨時代是少見實質報酬率呈現負值，相對黃金則是表現太突出了，有 8.8% 的實質報酬。

總體來說，雖然黃金並非一直表現亮眼，但它在某些時期的回報完全可以與股市相媲美。特別是在高通膨或經濟不穩定時期，黃金往往能夠提供穩定的保值作用。而這更能對應 Wealth Cycle 的核心精神，我們可以透過資產輪替，投資有上漲潛力但目前低估的資產。

如果你對黃金和貨幣的歷史以及通貨膨脹的影響有興趣，我推薦閱讀《貨幣簡史：你不能不知道的通膨真相（What Has Government Done to Our Money?）》這本書，作者莫瑞・羅斯巴德（Murray N. Rothbard）對黃金的歷

▶ 表 11-1　1802～2001 年股票、公債、國庫券含黃金的稅後實質報酬率

	股票	公債	國庫券	名目殖利率	黃金	通貨膨脹
時期						
1802-2001	6.9%	3.5%	2.9%	5.2%	0.0%	1.4%
1871-2001	6.8	2.8	1.7	4.6	-0.1	2.0
主要次階段						
1802-1870	7.0	4.8	5.1	6.4	0.2	0.1
1871-2001	6.6	3.7	3.2	5.2	-0.8	0.60
1926-2001	6.9	2.2	0.7	4.1	0.4	3.1
戰後時期						
1946-1965	10.0	-1.2	-0.8	4.6	-2.7	2.8
1966-1981	-0.4	-4.2	-0.2	3.9	8.8	7.0
1982-1999	13.6	8.4	2.9	3.1	-4.9	3.3
1982-2001	10.5	8.5	2.8	2.9	-4.8	3.2

資料來源：《Stocks for the Long Run》2007 第四版，Jeremy Siegel

史和通膨的影響進行了精闢的分析，非常適合作為了解 100 年貨幣史的入門書。

相信到這裡你應該了解黃金不是單純的避險資產，而是有增值潛力的資產，現在就來學習如何應用 Wealth Cycle 打造你的小金庫。

"小金庫策略：懶人輕鬆上手的Wealth Cycle投資法"

一般的理財專家會建議把黃金當作為避險資產，配置比例大概在 5～8% 左右，但這種思維依然停留在「買賣獲利」的框架內，認為黃金長期來看不會賺錢。然而我們已經發現黃金在 1971 年脫離金本位之後，表現不比股市差，而且在停滯性通貨膨脹時期，黃金等實物資產通常會表現得更好，而股市和債市可能會有長達 10 年的負回報。

如果你想深入理解 Wealth Cycle，抓到更精準的轉換時機，當然需要更多的

▶ 表 11-2　小金庫策略的黃金配置比例

道瓊／黃金比值	意義／情況	小金庫：黃金佔整體資產比例
> 15	黃金低估	20 ～ 30%
< 5	股票低估	0 ～ 5%
15 ～ 5	中性，高通膨時期	10 ～ 15%
15 ～ 5	中性，低利率時期	5 ～ 8% 或者先不買賣，等待變化

資料來源：作者整理

研究。但如果你是一個不想花太多時間研究的普通投資者，像小吳醫師一樣希望用最少時間、最少精力，像被動投資一樣，用簡單的方法來做決策。

我們建議根據股票與黃金的比值（可參見 https://www.macromicro.me/charts/38849/dao-qiong-huang-jin-bi-lyu）來調整資產配置。由於這是簡化的懶人配置策略，不用花太多時間與精力，也沒有深入研究各別資產，所以我們強調分散投資的原則，你會發現整體建議都不超過 30%。

狀況 1.

當這個道瓊／黃金比值大於 15 時，你可以增加黃金的配置，最高可以達到你整體資產的 20% 到 30%。

實際該怎麼做呢？如圖 11-1，你有兩個選擇：

A. 老闆錢包（成長與價值錢包）中的股債本身比例維持不變，額外購買黃金到佔整體資產的 20 ～ 30%。這時債券配置比較多，所以整體防守型資產比較大、比較保守。

B. 老闆錢包（成長與價值錢包）中，用黃金代替原本用來配置債券口袋的部位。

例如：原本你是用傳統的 60 ／ 40 股債配置，60% 股票與 40% 債券，這時你可以變成 60% 股票，10 ～ 20% 債券，30 ～ 20% 黃金。

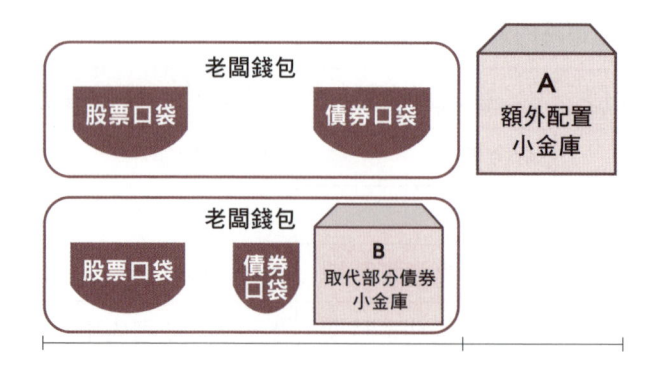

▶ 圖 11-1　小金庫策略。
　　　　　A. 直接購買黃金到想分配的比例。
　　　　　B. 小吳醫師建議的方式：黃金比例取代要搭配的防守型債券口袋。

資料來源：作者整理

當然如果你選擇更高的股票配置，如 90% 股票，Wealth Cycle 也適度提醒你，是否投入過熱的股市，應該加入部分黃金呢？

黃金配置到 20% ～ 30% 比一般理財專家建議的 5% 要高得多。但記住，Wealth Cycle 的核心是投資低估的資產。當下一輪資產輪動比值降到 5 時，這意味著你可能獲得高達 300% 的轉換收益，當遇到停滯性通貨膨脹時期會對整體資產有很大的保護作用，所以將黃金的比例增加到 20% ～ 30% 是合理的。

狀況 2.

比值小於 5 時，你可以減少黃金的配置，讓黃金在你整體資產中的比例降到 0% 到 5%。

狀況 3.

如果你開始使用這個方法，發現目前道瓊／黃金比例介在 5 ～ 15% 中間時，我們是無法判定未來比例會往上或往下走，這時你可以看是否在高利率、高通膨的環境，如果答案是，你可以選擇黃金配置 10 ～ 15% 左右，因為黃金在這時期往往表現較為良好。不然可以先依照常見黃金配置比率 5 ～ 8%，或者先按兵不

動，等待道瓊／黃金比例＞15再配置黃金。

總體來說，小金庫策略這是一種不同於被動投資，用最少時間與精力運作的策略，會比傳統被動投資只搭配股票與債券更加分散，而且會採用資產輪動長期待在市場上的投資策略。

只要在每年再平衡時，檢視道瓊／黃金比，靈活調整黃金的比例，這樣就能適應不同的經濟環境。這與一般理財專家的建議不同，但透過這種方法，你可以更好地應對停滯性通貨膨脹時期的挑戰，保護並增加你的資產。

小金庫策略的五大投資關鍵因素

每學習一個投資策略，我們要習慣能精簡提出五大關鍵因素，才能清楚掌握這個投資系統，整理如下：。

1. **買進策略**：當道瓊／黃金比例＞15時，增加黃金的配置到整體資產的20%～30%。這是因為 Wealth Cycle 的轉換有可能帶來三倍的利潤。

2. **賣出策略**：當道瓊／黃金比例＜5時，減少黃金配置到0%～5%，將更多資金投入到股市。

3. **資金分配**：資產配置主要是在不同的經濟環境中轉換資產類別，而不是完全退出市場。

4. **風險控制**：萬一我們的判斷失敗，長期來看，黃金的價值能夠跟上通膨，雖然說獲利會減少，但投資組合中還有股債配置可以在長期內獲利。此外，黃金最大的風險是實物黃金被盜的問題。如果你持有實物黃金，就需要妥善儲藏，放在隱蔽的保險櫃中，以避免被盜。

5. **投資優勢**：很多投資者不使用這種方式來評估投資，所以這是一個市場上的優勢。你能知道市場上其他人不知道的事，透過 Wealth Cycle 能幫助你了解何時該投入黃金，並知道何時退出。

了解小金庫策略後，我們要進一步知道該如何買賣黃金。

"黃金投資指南：該如何購買黃金？"

黃金是最經典的保值防守型資產，尤其是在通貨膨脹和貨幣危機時，它的防禦力非常強。黃金不僅在經濟不穩定時期表現良好，而且在所有實物資產中流動性最好。無論是去銀行、銀樓，還是買黃金存摺、黃金 ETF，在國外還有專門的硬幣商店，都可以輕鬆入手黃金。

實體黃金 vs 黃金紙資產，你該怎麼選？

購買實體黃金更能保護你的投資，儘管黃金存摺和黃金 ETF 提供了便利，適合短期投資者，或是不方便持有實體黃金的投資人，但應該明白它在危機時期的風險。在戰爭或金融危機時期，你可能無法從銀行或 ETF 提領實際的黃金，這樣就失去了黃金應有的避險特性。因此，應該主要購買實體黃金，以確保擁有真正的資產。

當你買一定數量的實體黃金，方便起見，也許可以少量配置銀行黃金存摺與國外黃金 ETF，如 SPDR 黃金信託（代號：GLD）、iShares 黃金信託（代號：IAU）。

- SPDR 黃金信託（GLD）：全球最大、最知名的黃金 ETF。GLD 持有實體黃金，直接反映金價的變動。適合希望更大規模、流動性更高的投資者。

- iShares 黃金信託（IAU）：雖然規模略小於 GLD，但 IAU 的費用率較低，適合尋求成本較低的黃金投資者，同樣追蹤金價走勢。

兩者的核心功能相似，差異在於規模和費用率，投資者可以根據需求選擇。最後，現階段不建議購買國內黃金 ETF，因為他們沒有 GLD 和 IAU 體量大，而且交易成本高。

實體黃金購買建議

- **國外**：在國外，可以選擇信譽良好的硬幣商店或知名網路銷售商，購買知名金幣，如楓葉金幣或袋鼠金幣。

- **台灣**：在台灣，最簡單且安全的選擇是從台灣銀行購買「台銀金鑽條塊1台兩」或「幻彩條塊1英兩」。這些品項的黃金由台灣銀行出售，可信度高，且符合銀行的保存要求時，可直接回賣給銀行，方便又安全。

所以在跟台灣銀行購買黃金時，請詳細問清楚要注意哪些重點，之後才能回賣給銀行。至於這兩品項該怎麼選呢？如果你確定都會放在台灣，可以購買較大的「台銀金鑽條塊1台兩」，可能會帶出國外就選擇「幻彩條塊1英兩」。

避免購買哪些黃金？

避免購買金飾或不常見的古金幣，因為這些黃金在市場上流通性差，回賣時可能無法獲得良好的價格，甚至比市場價更低。

購買貴金屬的重要知識

跟台灣銀行購買「台銀金鑽條塊1台兩」或「幻彩條塊1英兩」，雖然只是短短一句話，但背後還是有很多重要知識，你需要了解。

1. **重量單位**：1金衡盎司等於31.1克，這與一般秤重單位不同，購買時請特別注意。

2. **單位重量**：單枚重量越大價格越便宜。購買1盎司或1台兩的黃金條塊，通常較為划算。超過這個重量，如1公斤，你會發現很難轉賣，所以1盎司或1台兩是最適合的重量單位。

3. **金幣 vs 金條**：金幣由各國政府發行，會比金條或條塊貴。1盎司金幣的價格比期貨價高出6～7%，而金條僅高出2～3%。

所以在台灣，從台灣銀行購買「台銀金鑽條塊 1 台兩」或「幻彩條塊 1 英兩」是最好的選擇。國外常會在硬幣商店交易，有政府背書的金幣是最好流通的黃金，所以應以買金幣為主。

了解如何購買黃金，我們來看看投資黃金最常見的投資問題：黃金沒有配息，沒有被動收入，所以不適合投資。

"配息迷思：配息真的能帶來更多收益嗎？"

許多投資者對配息情有獨鍾，尤其是那些尋求穩定收入的人。然而，配息看似吸引人，其實也存在不少誤解，讓我們來解開配息背後的真相。

配息不是額外收入

很多人以為配息是公司額外給的紅利，但實際上，配息只是公司把賺到的錢分一部分給股東。當公司派發股息時，它的現金資產會減少，股價理論上也會相應下跌。這意味著，股東收到的配息其實是自己投資的一部分，而不是額外的收入。

高股息不等於高回報

看到高股息率，許多人會誤以為這代表更好的投資回報。事實上，高股息率有時是因為公司缺乏投資機會，或者市場對其未來發展不看好，導致股價低迷。因此，僅依賴股息率來選擇標的並不明智，應該更深入了解公司的基本面和未來發展潛力。

稅務影響不可忽視

配息收入在許多國家都需繳稅，特別是對於高收入者來說，配息可能會增加稅負，降低實際回報。相比之下，資本增值的收益（如股價上漲）通常只有在賣出時才需要繳稅，而且稅率通常較低。因此，並不是每個人都適合高股息策略。

值不值得投資？總回報才是關鍵！衡量投資價值時，不應僅關注配息，還要考慮資本增值。如果只看重配息而忽略了股價的成長潛力，可能會導致不理性的投資決策。其實，當你需要配息資金時，它就像是把一小部分資產賣掉一樣。如果我們希望投資能夠長期增值，反而應該希望配息越少越好。

例如，股神巴菲特的波克夏公司就以不配息而聞名，這是因為巴菲特相信，把資金留在公司進行再投資，能帶來更高的長期回報。

那麼黃金適不適合作為投資呢？正如我們之前討論的，黃金在高通膨時期的資本增值潛力，可能遠超許多有配息的股票，投資者應該根據市場週期和資產輪動來做出更全面的決策，而不僅僅關注是否是配息資產。我們在下一章節要跟你分享更多黃金的真實價值，與為什麼你需要小金庫策略。

Chapter 12
Wealth Cycle 終極週期──
金融商品與實物資產循環

學習了週期與小金庫策略，你應該已經發現：掌握全局視野是投資成功的關鍵。過去幾章中，我們討論了許多現代投資觀念，這些觀念主要基於過去一百年的經濟數據。然而，這種短期視野可能過於狹隘，無法完全看清未來的市場走勢，容易導致投資盲點。

思考一下，為什麼從 2008 年以後，股市不斷上漲，即使有短暫下跌，也迅速反轉，且上漲速度比以往更猛烈？房地產價格也節節攀升，達到讓人覺得一般人幾乎不可能靠自己買房的地步。除非有家族資助，或成為極少數的高收入者，買房似乎已成為遙遠的夢想。

這一現象的答案，可能不僅僅在於現代經濟學，而是隱藏在更廣闊的歷史視野中。如果我們將目光從當前市場數據轉向過去兩千年的經濟歷史，你會有全新的體悟，了解資產價格上漲的根源，並學會如何在這輪動中更明智地進行投資。

"為什麼物價不斷上漲，你的錢越來越薄了？"

在了解歷史規律前，我們先看看日常生活，你可能已經注意到，不論是日用品、食品，甚至是房價都在不斷上漲，而股市指數也持續創新高，這讓許多人困惑，甚至焦慮：為什麼辛苦賺來的錢似乎越來越不值錢？萬物齊漲，唯獨薪水不漲？

我們經常聽到用「通貨膨脹」來解釋這一現象，有些人歸因於戰爭、供應鏈問題，稱為「成本推動型通膨」；另有一些人則認為是需求增加所致，稱為「需求拉動型通膨」。這些說法雖然都有道理，但並沒有觸及問題的根本。

要真正理解這一現象，我們需要把握事物的本質。通貨膨脹的本質，從字面上就能看出來，通貨（currency）指的是社會上流通的貨幣。當通貨膨脹時，意思就是貨幣量增加後所導致的現象。因此，通貨膨脹其實就是「貨幣變多了」。

想像一下，如果某天你打開銀行帳戶，發現存款突然變成原來的 10 倍，最初你可能會感到驚喜，覺得自己變富有了，但如果每個人都多了 10 倍的錢，那會怎樣呢？市場上的商品並沒有變多，而每個人的購買力都變強了，這樣就會導致商品價格上升。原本 30 元的蘋果，現在可能要 300 元，這就是貨幣增加導致的結果。實際上，你多出來的錢能買到的東西並沒有比以前更多。

這裡常見的誤解在於，很多人把通貨膨脹等同於物價上漲。戰爭、供應鏈問題、原材料價格上升等因素確實能影響某些商品的價格，但它們並不是造成全面物價上漲的主因。

全面物價上漲的根本原因只有一個：市場上貨幣的供應量增加了，而商品和服務的供應卻沒有同樣增加。正如經濟學家熊彼得（Joseph Alois Schumpeter）所說：「所有的經濟現象，歸根結底都是貨幣現象。」理解這一點，能幫助我們更清楚地看清整個經濟的運作。

圖 12-1 顯示全球四大央行 M2 貨幣供給量，它讓我們理解市場上有多少錢在流通，你會發現長期來說貨幣供給都是不斷增加，而這是全球各個國家普遍的現象。

以台灣為例，2021 年 M2 供給量：55.8 兆，而 2001 年時實際流通的 M2 貨幣是多少？是 19.2 兆。等於 20 年來，M2 貨幣供應增加 36.6 兆，約 2.9 倍。我相信這數字應該能讓你理解為什麼物價越來越貴的原因，小時候 60 元能吃一碗牛肉麵，現在要 150 元才能吃得到。未來只要貨幣供應不斷增加，價格還是會節節攀升。

要注意的是，貨幣供應量增加時，常常會造成資產泡沫，最後導致經濟危機，如圖 12-1 粉紅色區域，這時經濟衰退會導致短暫的物價下跌。了解這一點，

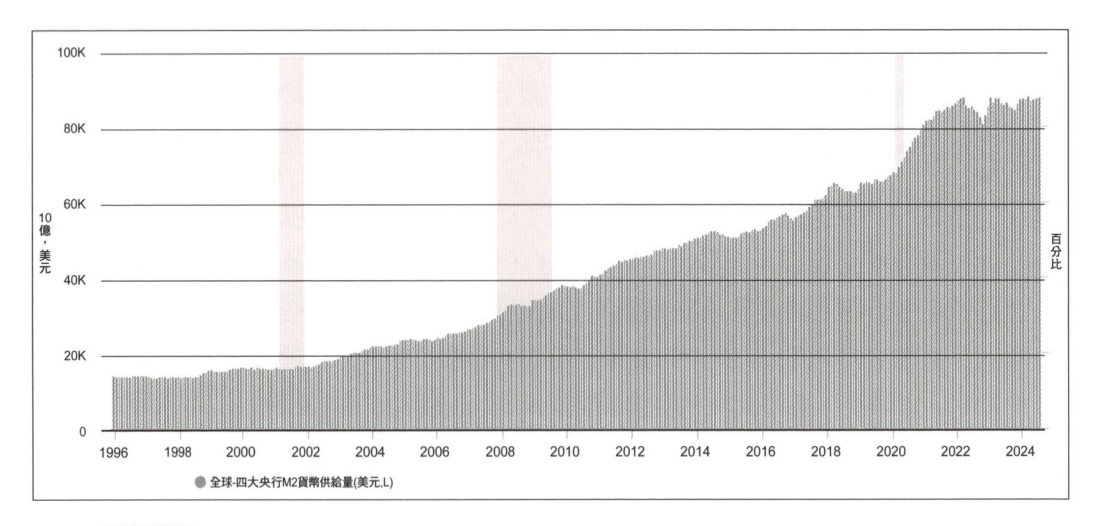

▶ 圖 12-1　全球四大央行 M2 註 貨幣供給量。（粉紅色區塊代表經濟衰退）

資料來源：財經 M 平方

對長期投資者至關重要。你會發現資產崩盤是一個致富機會，政府最終會印鈔增加貨幣供應，導致最終上漲，也是老闆錢包與長期投資能成功的根本原因。

理解通貨膨脹的實際意義，能讓你明白：當市場上的貨幣變多，物價上漲，你的購買力就會變弱。因此，投資以保持財富的購買力變得尤為重要。在投資中，你應該密切關注貨幣供應的變化，因為它是市場波動的主旋律，會全方面影響經濟和資產。

"羅馬帝國的貨幣陷阱：鑄幣稅與通膨的故事"

看到這裡，聰明的讀者可能已經想到：為什麼貨幣會不斷增加？事實上，這是人類 2000 年貨幣史中一再出現的歷史規律，而羅馬帝國的銀幣與鑄幣稅正是這個歷史中的經典一幕。

銀幣的誕生

在故事開始之前，先聊聊「貨幣」的誕生。五千年前，人類逐漸形成文明，

經濟活動隨著文明成立而興起，被認為是最早的文明發源地——美索不達米亞。由於氣候乾旱缺水而無法栽種穀物，大多數的牧民需要藉由以物易物的方式自農民手中取得穀物。

當以物易物不再足夠方便時，商人和統治者為了維持穩定的以物易物交易，創造了「兌換券」制度，也就是「貨幣」。其中，因為銀不易變質、易於攜帶的特性，使其成為製作貨幣的理想材料。自此產生了支撐商業體系的「金屬貨幣」。

由商人們的「信用」維持貨幣的價值，進而發行貨幣，奠定了貨幣制度的基礎。而直到「金本位制」成為經濟的中心之前，銀一直都是常見貨幣的主流。

最早的硬幣約出現在西元前 7 世紀，由土耳其西部的利底亞國王克羅伊斯鑄造。克羅伊斯國王透過在硬幣上刻印標誌，保障了貨幣的純度和信用，也確立了國家對貨幣的發行權。

國王以刻印的方式出借其「信用」，以擔保貨幣的價值，同時也讓硬幣成為了國王介入經濟的手段。此外，在國土疆界內強制規定作為流通使用的硬幣，就被稱為「通貨（currency）」。

由國家掌權者發行硬幣，改變了過往由商人製造發行金屬貨幣的慣例，克羅伊斯國王也因此獲取了龐大的財富，這為後來的羅馬帝國提供了貨幣管理的模板，也就是鑄幣稅的起源。。

羅馬帝國的「銀幣魔術」

羅馬帝國的通貨發行權也是由皇帝獨占，金錢的英文「Money」，辭源來自於羅馬神話中的女神「茱諾（Juno Moneta）」，羅馬帝國就是由 Moneta 的神殿負責鑄造硬幣的工作。

古代羅馬帝國的市場上，商人們每天都用閃閃發光的銀幣交易。這些銀幣最初是 100% 純銀鑄造的，代表了堅實的財富。然而，隨著時間推移，羅馬帝國開始遇到大麻煩——軍隊打仗、邊疆防守、國家建設等，這些都需要巨額的軍費。

羅馬政府沒有足夠的收入來支付這些費用，於是，他們想出了一個「聰明」的方法：減少銀幣中的銀含量，從而製造更多的硬幣。

他們是怎麼做的呢？很簡單，原本100%銀的硬幣被稀釋，只保留一部分銀，其他部分用更廉價的金屬（比如銅）來填補。從外表看，這些硬幣看起來還是閃閃發光，似乎和以前沒有什麼不同。但實際上，每枚硬幣的內在價值卻大幅縮水了。這就像是羅馬皇帝在「變魔術」——用同樣的銀製造出更多的硬幣，這就是「鑄幣稅」魔術。

最初，這個方法確實幫助羅馬政府解決了一部分財政問題。他們可以用這些「新硬幣」來支付軍隊和其他開支，商人也暫時沒有察覺到這個「變魔術」的把戲。然而，這種「魔術」不可能一直持續下去。隨著銀含量越來越少，人們開始發現手中的硬幣不像以前那麼值錢了，這導致了一系列問題，最終直接影響了羅馬帝國的經濟體系。

通貨膨脹壓垮了羅馬

羅馬的士兵們也開始發現，他們的工資「縮水」了，因為硬幣的含銀量降低，他們實際拿到的錢變得越來越不值錢。這可不是一件小事，士兵們開始抱怨，甚至發生了多次抗議和叛亂，因為他們認為自己被皇帝「偷走」了辛苦賺來的財富。

銀幣貶值不僅影響了士兵，整個羅馬的經濟也開始崩潰。隨著貨幣的購買力下降，物價開始飛漲，以前一個銀幣能買到的東西，現在可能需要兩個，甚至更多的硬幣才能買到。人們開始不願意接受這些貶值的硬幣，開始尋找更有價值的交換物。這導致了人們對貨幣的信任危機，好的銀幣逐漸消失在市場上，劣幣開始氾濫，這就是經濟學中的「劣幣驅逐良幣」。

當劣幣充斥市場時，物價飛速上漲，這就是通貨膨脹的典型現象。到羅馬帝國後期，銀幣中的銀含量只剩下 5%，貶值到幾乎沒有價值。這不僅導致了經濟崩潰，還加劇了社會的不穩定。暴動四起，帝國邊界的敵人趁機進攻，羅馬逐漸無法維持其龐大的帝國機器。最終，羅馬帝國的經濟因為這個「銀幣魔術」陷

入了長期的通貨膨脹，這成為了帝國衰敗的因素之一。

歷史不會重複，但會押韻

這種鑄幣稅與通膨的故事反覆出現在我們的歷史中，例如在中世紀的法國。在法國國王菲利普四世統治時期，他需要為戰爭籌集資金，於是想出了一個更古怪的方式，他開始使用**木棍**作為貨幣！這種木棍被稱為「木條錢」，上面刻有一些標記，代表著不同的面額。

雖然這種貨幣看似荒謬，但菲利普四世讓所有人都必須接受它，並開始徵收鑄幣稅。這也意味著政府每發行一根「木條錢」，就能從中獲得利益。當然，隨著這些木條錢越來越多，木條的價值開始不斷下降，最終導致了法國的貨幣系統崩潰。

這些故事說明了，鑄幣稅並不是現代才有的現象，我們只是從實物貨幣變成更容易操作的信用貨幣。從古至今，政府操縱貨幣的歷史已經有幾千年，並且屢屢引發嚴重的經濟後果。翻開貨幣史，你會發現觸目驚心的例子。

西方的例子：

- **羅馬帝國：** 使用金幣奧里斯（Aureus）和銀幣德納里烏斯（Denarius），隨著時間推移，硬幣中的金銀含量逐漸降低，導致貨幣貶值和經濟混亂。

- **中世紀：** 如義大利的佛羅林（Florin）和達克特（Ducat）金幣，最終在戰爭和財政需求下被稀釋並消失。

- **近代到現代：** 從13至14世紀開始，紙質票據作為信用工具登場。荷蘭盾（Guilder）、英鎊逐漸被削弱，直到美元成為主要儲備貨幣。現今美元也面臨量化寬鬆政策的挑戰。

東方的例子：

- **北宋：** 世界上最早的紙幣交子出現，但因濫發最終失去信用。

- **元朝、明朝、清朝**：使用寶鈔和銀票等信用貨幣，這些貨幣因過度發行導致通貨膨脹和貶值。

- **台灣**：台灣也經歷過貨幣崩潰，新台幣的前身是舊台幣，舊台幣因為戰後經濟混亂和高通貨膨脹，當時以 4 萬舊台幣換 1 新台幣的方式才重整貨幣體系。

從羅馬帝國到現代美元霸權，從北宋的交子到台灣的新台幣，歷史不斷證明：過度發行貨幣會導致貨幣貶值和經濟崩潰，最終這些由主政者掌控的貨幣全部消失在歷史舞台中。即使是像羅馬這樣強大的帝國，也因為貨幣貶值和經濟混亂而走向衰落，最終迎來新貨幣或新政權的出現。

"Wealth Cycle的終極週期：紙資產與實物資產的輪動循環"

「所有的經濟現象，歸根結底都是貨幣現象。」

讀到這裡，你應該對經濟學家熊彼得的這句至理名言有了更深刻的體會。回顧歷史，我們可以發現，無論是古代稀釋金屬貨幣，還是現代透過大量印鈔貨幣稀釋和增加供應，一直是政府用來應對經濟挑戰的手段。初期，這些手段常讓經濟看起來繁榮、物價穩定，但其實潛藏著更大的危機。

貨幣供應的增加並不會立即平均分配到每個人手中，這就像我們往杯子裡倒蜂蜜一樣，當蜂蜜剛倒入時，它不會立刻平鋪在整個杯底，而是先在倒入的地方形成一個小隆起，然後才會慢慢向外擴散，最終鋪滿整個杯子。即使你停止倒入蜂蜜，這個擴散過程還需要一段時間才能完成。

在貨幣流入市場的過程中，大企業和富人往往是最早接觸到新增貨幣的人，而普通領薪的工人則最後才感受到影響。然而，當他們的薪水逐漸增加時，物價已經開始上漲，購買力反而下降。

這種情況還會導致一個嚴重問題，那就是貧富差距的擴大。富人通常擁有更多的資產，比如房子、股票等，他們的資產價值會隨著通貨膨脹而上升。相

反，沒有資產或者只有防守型資產的普通人，只能眼睜睜看著生活成本增加，儲蓄變得不值錢，債券與定存貶值，日子越過越辛苦。

隨著資產價格持續上漲，經濟逐漸出現泡沫，更多人參與投機，原本穩定的工作反而被忽視，經濟變得愈發不穩定。當泡沫破裂後，經濟危機爆發，政府常選擇印鈔救市，雖然這能暫時穩定市場，但長期看反而讓通貨膨脹更加嚴重。

最終，當通膨無法控制時，貨幣的購買力急劇下降，人們開始對法定貨幣失去信心，轉而購買黃金、房地產等實物資產以保值。經濟進入混亂階段，物價飛速上漲，貨幣的信用崩潰，金融體系也面臨瓦解。

這就是為什麼目前我們會看到資產價格不斷上漲，但工資卻停滯不前的原因。

透過 2000 年貨幣演變的視野，你對資產輪動循環 Wealth Cycle 的理解要更提升一個層次，Wealth Cycle 告訴我們一個歷史規律：

「金融商品與實物資產的輪動循環，塑造了整個人類貨幣史的週期。」

正如《三國演義》中所說：「天下大勢，分久必合，合久必分。」這也適用於資產市場和貨幣制度。當貨幣體系變得不穩定時，金融商品的估值會發生劇烈變化，甚至可能崩潰。而這些現象，歷史上已經一再發生。

許多投資專家忽略了貨幣會改變制度，甚至崩潰，原本的投資理論會完全不適用。目前大部分的投資學都是對現代金融投資市場的理解和分析，然而，許多現代投資理論最多基於過去一百年的經濟數據與目前石油美元制度的經濟狀況，而這樣的視野過於狹隘，金融商品不會無限上漲，泡沫之下就會崩盤。如果認為資產永遠長期上漲，那是因為沒研究過 2000 年人類的貨幣歷史。

萬一誤判在羅馬帝國貨幣崩潰後期投資金融商品，持有虛擬被吹大泡沫的金融商品，未來只會讓財富縮水，造成不可挽回的悲劇，因為人類歷史上經過主政者操控的紙幣全部消失，遺留下來的只有黃金與白銀等實物資產。唯有擁有實

物資產如黃金，才能夠在貨幣崩潰和市場混亂中保全財富。這也是為什麼與你分享小金庫策略，這會提供危險時期資產一定程度的保護。

未來貨幣是否會崩潰？該怎麼面對貨幣制度改變？如何應對貨幣濫發的危機，就是下一章想跟你分享的主題。

註：M2 貨幣供應量是衡量一個國家市場上有多少錢的指標。它包含了以下幾個部分：

1. 現金：就是你口袋裡的鈔票和硬幣。

2. 活期存款：你銀行帳戶裡可以隨時取用的錢。

3. 定期存款：你存進銀行，但有固定存款期限的錢。

4. 貨幣市場基金：一些比較安全、可以快速變現的投資產品。

M2 反映了市場上有多少錢在流通，用來衡量經濟中的資金流動性。當 M2 增加，表示市場上的錢變多，這往往會推動物價上漲，也就是通貨膨脹。

簡單來說，M2 貨幣供應量是我們日常能接觸到的錢，加上銀行裡的一些存款，它反映了整個經濟體系裡「錢」的總量。

PART 3　更高的投資視野──資產輪動循環Wealth Cycle

Chapter 13

危機即轉機——
泡沫崩潰背後的致富密碼

當我們理解了 Wealth Cycle 深層含義：金融商品與實物資產不斷輪動循環，並且理解貨幣超發之後會有崩潰的嚴重後果，也許你會感覺那是非常遙遠，在歷史故事中才會遇到的事，但事實上每人一生至少會面臨 1 到 2 次的貨幣危機，而能把握危機就是一個致富的關鍵。

讓我們來看看美元如何成為目前主權貨幣，你就會了解實際理由了。

"美元的崛起之路"

19 世紀末，美國經濟在工業革命中迅速崛起，成為全球主要的工業國之一，然而，直到 20 世紀初，英鎊仍然主導著國際金融市場。美國的經濟實力雖然上升，但美元尚未取代英鎊的地位。

兩次世界大戰的影響（1914～1944）

兩次世界大戰徹底改變了全球經濟格局，重創了歐洲各國，尤其是英國。英國經濟因戰爭拖累，開始走下坡路，而美國則成為全球最大的債權國，並透過戰爭貸款和經濟援助進一步鞏固了經濟霸主地位。1944 年，布雷頓森林會議的召開，正式確立了美元作為全球儲備貨幣的地位。

布雷頓森林體系與黃金脫鉤（1945～1971）

布雷頓森林體系將美元與黃金掛鉤，各國貨幣則與美元掛鉤，這使得美元成為全球唯一可以兌換黃金的貨幣。這種「美元—黃金標準」奠定了美元的全球

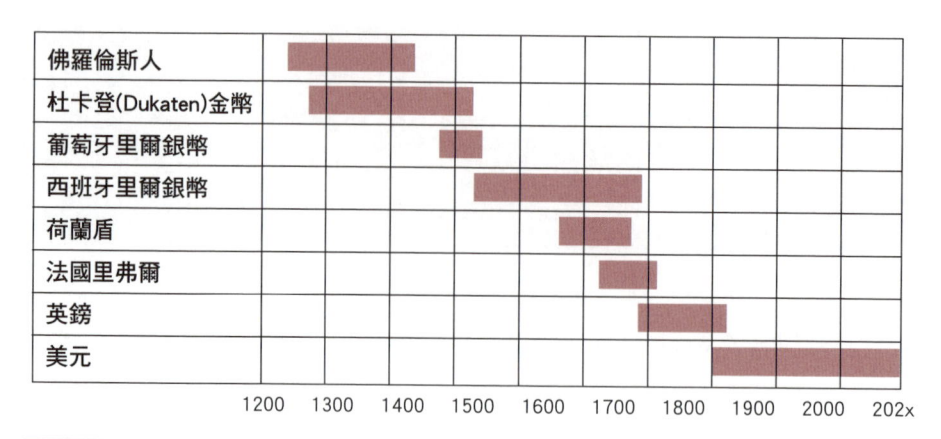

貨幣	1200	1300	1400	1500	1600	1700	1800	1900	2000	202x
佛羅倫斯人		██	██							
杜卡登(Dukaten)金幣		██	██	██						
葡萄牙里爾銀幣				█						
西班牙里爾銀幣					██	██				
荷蘭盾						█				
法國里弗爾							█			
英鎊							█			
美元								██	██	██

▶ **圖 13-1** 主權儲備貨幣持續時間。

資料來源:《史上最大投資機會》,作者馬克・弗利德里希(Marc Friedrich)

主導地位,使其取代了英鎊,成為國際貿易和金融的核心。這一體系成功穩定了全球經濟近 30 年。

然而,隨著美國在 1960 年代越戰及社會福利支出增加,美元供應大幅上升,黃金儲備無法支撐美元需求。1971 年,尼克森宣布終止美元與黃金的兌換,布雷頓森林體系隨之崩潰,美元成為純法定貨幣。

1970 年代至今:石油美元和全球化

儘管美元脫離了黃金標準,但美國與石油輸出國達成協議,建立了石油美元體系,進一步鞏固了美元在全球貿易中的地位。這使得美元在後布雷頓森林時代,繼續作為全球主要儲備貨幣。

歷史上主權貨幣的命運

如果用更大的視野,如圖 13-1,我們來看看歷史上主權貨幣持續的時間。當把這些主權貨幣持續時間加起來,平均約等於 80 年,最長約 200 多年。

貨幣週期的警示

Wealth Cycle 的歷史規律再次得到應證：從美國經濟崛起到布雷頓森林體系建立，再到 1971 年金本位的崩潰，每一階段大約經歷了 30～50 年。歷史告訴我們，貨幣制度大約每隔幾十年就會面臨挑戰。當我們回顧主權貨幣的歷史，發現其平均壽命僅約 80 年，那麼問題來了：美元作為全球主導貨幣的地位，是否會永遠持續下去呢？我們目前貨幣有什麼危機呢？

"美國債務危機：經濟泡沫和貨幣崩潰的前兆"

從歷史中我們可以看到，當一個國家陷入衰退時，財政惡化和債務增加往往是一個重要的警訊。現在來看看美國的債務狀況：從 2020 年到 2024 年，美國政府在短短四年內新增了高達 11 兆美元的債務。相比之下，過去 220 年美國才累積了同樣數額的聯邦債務。

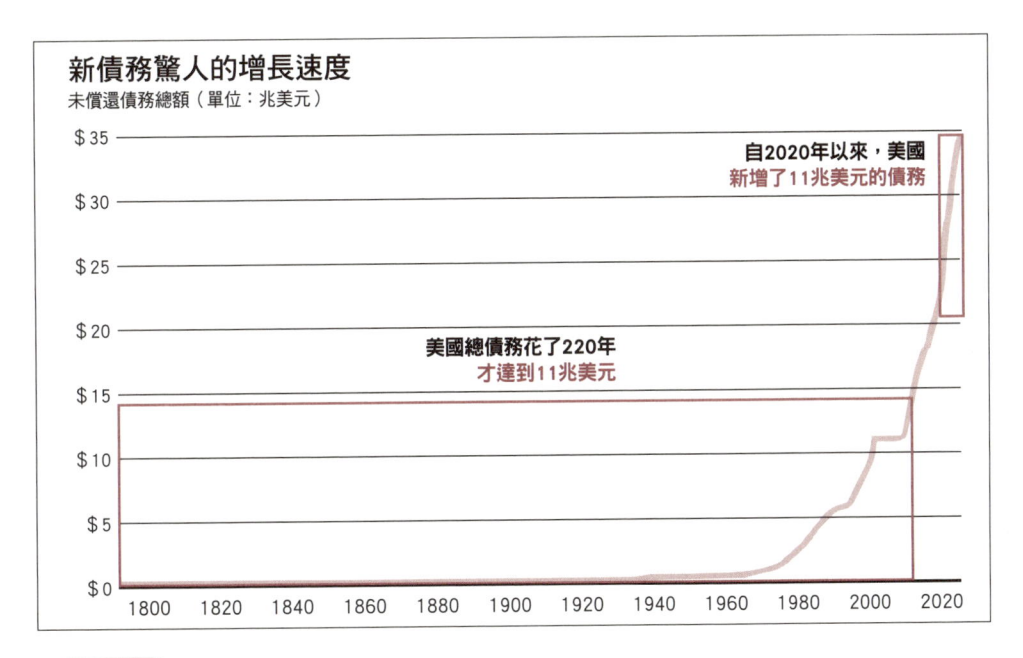

▶ 圖 13-2　1800～2020 年美國債務狀況。

資料來源：The Kobeissi Letter

透過圖 13-2，們可以看到一個令人不安的現象，就是美國政府只會增加債務，而且償還的僅是利息，從未真正歸還本金。這種「以債養債」的模式已經進入瘋狂發展階段。

想像一下，這就像你的個人財務，如果累積的欠款不僅沒有減少，反而在短短幾年內指數式增長，這樣的局面能持久嗎？會沒有後續影響嗎？

2024 年是美國債務的關鍵里程碑，因為一年利息支付超過國防開支。高利率和高通膨讓普通民眾感到苦不堪言，這與羅馬帝國的沒落及布雷頓森林體系解體的過程有相似之處。

另一方面，房價和股市不斷飆升，政府聲稱通膨即將受控，經濟會持續好轉。一邊是貨幣貶值的危機，另一邊是經濟復甦的承諾——這看似是兩個完全不同的世界，究竟哪一個才是真實的？

要了解真相，最好的方法不是聽政府的話，而是看他們的行動。讓我們看下面的圖表。

從圖 13-3 和圖 13-4 我們可以看到，1960 年代全球各國持續增加黃金儲備，這與 1971 年美元黃金脫鉤以及隨後的石油危機與停滯性通貨膨脹時期相吻合。隨後經濟轉好，到 2008 年之前持續減持黃金。

而自 2008 年金融危機和美國實施量化寬鬆政策以來，全球央行再次大規模增持黃金。

根據 Wealth Cycle 的概念，金融資產與實物資產總是在輪動。如果經濟真的要好轉，為什麼央行反而增加黃金儲備呢？反之，若有貨幣危機來臨，他們才會選擇囤積黃金以對沖風險。

所以，透過央行的行動，你認為未來是經濟回暖，還是隱藏著更大的危機？

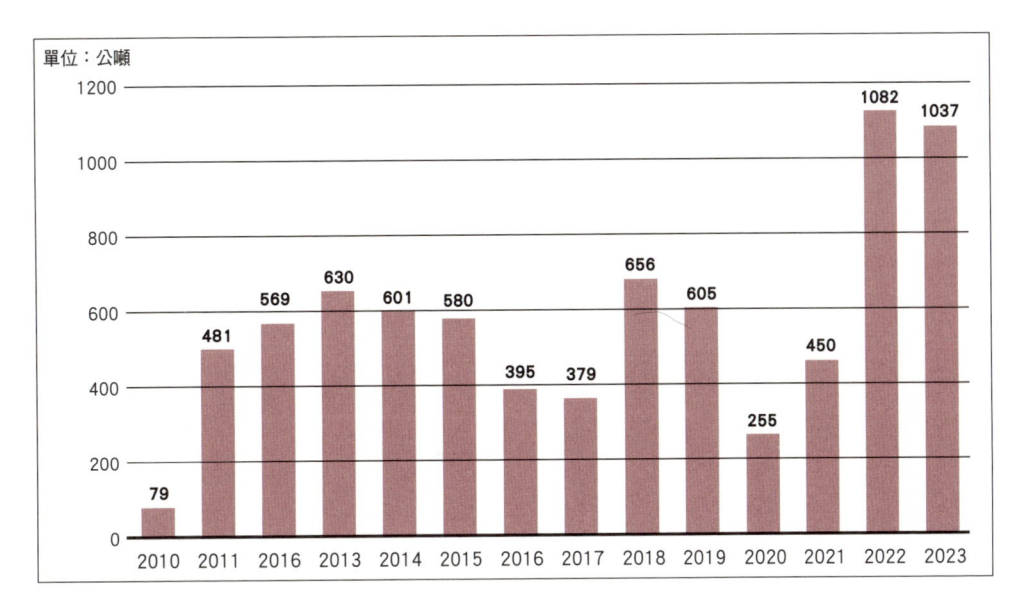

▶ 圖 13-3　全球央行黃金淨購買量　　　　　資料來源：世界黃金協會

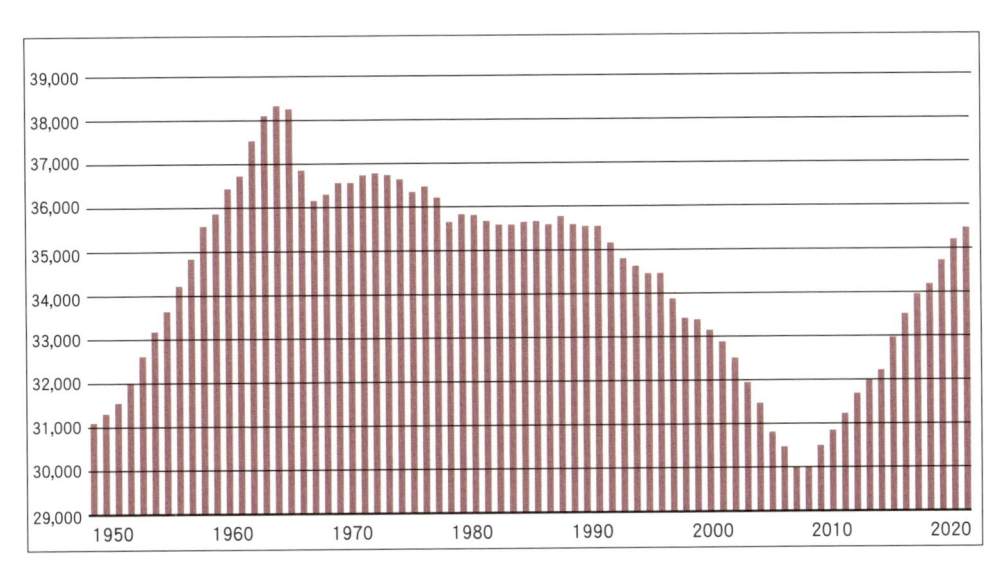

▶ 圖 13-4　全球官方黃金儲備　　　　　資料來源：世界黃金協會

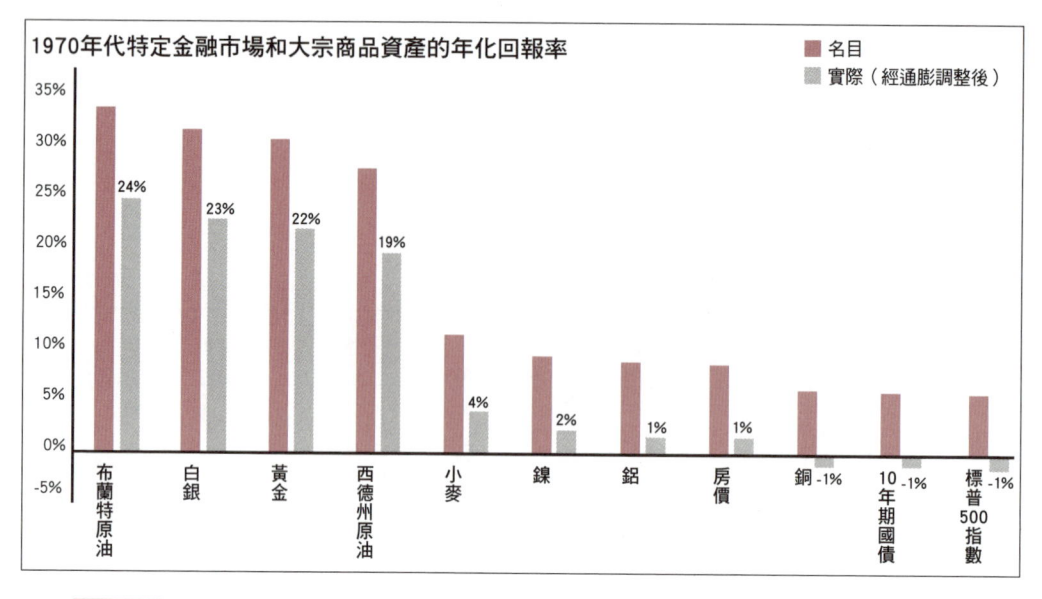

[圖表：1970年代特定金融市場和大宗商品資產的年化回報率]

資產	名目	實際（經通膨調整後）
布蘭特原油	33%	24%
白銀	31%	23%
黃金	30%	22%
西德州原油	27%	19%
小麥	11%	4%
鎳	9%	2%
鋁	8%	1%
房價	8%	1%
銅	5%	-1%
10年期國債	5%	-1%
標普500指數	5%	-1%

▶ 圖 13-5　1970 年代各種資產的年化收益率。

資料來源：GFD, Haver Analytics, Deutsche Bank

"以史為鏡：停滯性通貨膨脹時期該持有哪些贏家資產？"

如果要應對貨幣危機，我們要了解 1970 年代這個歷史上停滯性通貨膨脹時期；在這個時期物價瘋狂上升，但失業率大幅增加，經濟萎靡不振與停滯。我們有必要深入分析當時的資產變化，如果我們把歷史當作一面鏡子，停滯性通貨膨脹時期的到來告訴我們，哪些資產成了贏家，哪些又是輸家。

從圖 13-5 中，我們可以看到以下幾點：

贏家資產

1. 原油和貴金屬：

在停滯性通貨膨脹時期，原油無疑是最大的贏家。其次，金銀等貴金屬也是重要的避險工具。這是因為高通膨帶來的經濟不確定性，使人們對貨幣的信任減弱，進而尋求更可靠的價值儲存手段。當人們對貨幣制度產生疑慮，比如看到政府多年來無法控制通膨，而且問題不斷加劇時，他們開始尋求其他非傳統金融

資產來對沖風險。這也解釋了為什麼在停滯性通貨膨脹時期，黃金和白銀的價格都出現了顯著的上漲，尤其是白銀的漲幅甚至超過了黃金，超過 20% 以上年化報酬率。

2. 大宗商品和糧食：

除此之外，糧食的價格在這個時期也上漲了大約四倍。同樣的，像棉花、銅等其他大宗商品也表現不俗。這些實物資產的價值在停滯性通貨膨脹時期顯著增加，因為它們能夠更好地抵禦貨幣貶值。

輸家資產

1. 股票市場：

如果我們扣除通膨因素，事實上股票市場的表現是負增長的。在這十年間，美國的道瓊指數基本上停滯不前，從 1970 年的 800 多點到 1980 年也差不多保持在同一水平。但是，如果考慮到通膨的影響，實際上投資股市的回報率是負的，約有 40% 的負增長。

2. 美國國債和其他金融資產：

同樣的，美國國債在停滯性通貨膨脹時期也表現不佳。所有的金融資產在這個時期基本上都是負增長的，這是因為在高通膨環境下，貨幣的購買力下降，對金融資產的回報造成了負面影響。

另外，住家房地產算是中性資產，年化報酬約 1%。

停滯性通貨膨脹時期揭示了一個規律：在低通膨時期表現良好的金融資產，往往在高通膨時期表現不佳。相對而言，能夠抵禦通膨影響的實物資產，其價值在這些時期會更高。這種規律符合 Wealth Cycle 所揭示的精神，它提醒我們，在不同的經濟環境中，資產的表現會有所不同，雖然股市長期上漲，但並不一定都是贏家。下一章，小吳醫師與你分享除了小金庫策略外，還可以如何根據經濟形勢靈活調整資產配置，以應對不同的經濟週期和通膨風險。

Chapter 14

打破傳統——
小吳醫師的 Wealth Cycle 資產池策略

在這章小吳醫師會完整揭露投資方法，叫做 Wealth Cycle 資產池策略，在開始之前，我們要先了解一項被世人忽略的貴金屬資產：白銀。

"被世人忽視的資產：白銀"

當我們談到貴金屬投資時，黃金往往是首選，閃閃發光的它成為了避險資產的代表。然而，在這金光閃耀的背後，有一個同樣歷史悠久且具備潛力的資產——白銀。它的價值長期被忽視，卻潛藏著巨大的增值機會。

白銀的故事可以追溯到數千年前，早在古代文明中，白銀和黃金一樣被廣泛使用為貨幣。比如中國的清朝被稱為「白銀帝國」，因為白銀是整個帝國的基礎，它曾主宰著貨幣流通。而在西方，白銀同樣與黃金一同成為主流的貴金屬貨幣。這樣的雙重本位制度維持了幾百年，直到 20 世紀，白銀才逐漸退出貨幣舞台。

儘管如此，白銀並沒有消失，它依然是全球市場上最重要的工業金屬之一。隨著技術和工業的發展，白銀在電子產品、太陽能電池板和醫療設備中的需求大幅增長，這讓白銀在工業需求和貴金屬保值功能之間找到了一個平衡點，成為既有工業價值又能抗通膨的多功能資產。

然而，為什麼白銀一直被忽視呢？相較於黃金，白銀的價格波動較大，投資風險看起來也比較高。投資界普遍認為白銀是「窮人的黃金」，因此許多人對它望而卻步。但事實上，這恰恰是一個錯誤的認識。

白銀的投資潛力

1. **工業需求增長**：白銀不僅是一種貴金屬，它還是一個工業需求逐年增加的資產。隨著全球對綠色能源的重視，太陽能電池板的需求不斷上升，而白銀正是製造這些設備的關鍵材料之一。這意味著，隨著工業需求的增長，白銀價格可能出現長期的上升趨勢。

2. **相較於黃金便宜**：與黃金相比，白銀的價格要便宜得多。這使得白銀對於普通投資者來說更加容易入手，因此被稱為「窮人的黃金」。

3. **供應緊張**：白銀的供應有限，許多白銀礦產逐漸枯竭，這增加了白銀作為資產的稀缺性。

白銀價格雖然波動較大，但它的潛在回報率也更高。在供應逐漸緊張、需求逐漸增加的背景下，白銀無疑是一個被低估的投資機會。

2021年華爾街擠兌運動：散戶的反擊

2021年初，白銀再次引起了全球散戶投資者的注意，這要歸功於一場震驚全球的「華爾街擠兌運動」。這場運動源於網路社群WallStreetBets（華爾街賭場，簡稱WSB），該社群以推動GameStop（遊戲驛站）股價暴漲而聞名。當時這些散戶投資者發現，華爾街大型對沖基金過度做空GameStop股票，並利用集體行動讓股價飛速上升，對沖基金因此蒙受了巨大的損失。

隨著GameStop運動的成功，一部分投資者將目光轉向了白銀市場。他們認為，白銀市場也存在金融機構的過度做空現象，他們開始大規模購買實體白銀和白銀ETF（如iShares Silver Trust，代號SLV），希望能引發供應緊缺，迫使做空機構回補空單，推高白銀價格。在短短幾天內，白銀價格從每盎司25美元迅速飆升至30美元，創下近8年來的新高。全球的銀幣、銀條銷售也突然大幅增長，許多銀幣供應商甚至一度出現了缺貨的情況。

然而，白銀市場的體量相對較大，遠非 GameStop 股票這樣的小規模公司可比，這使得散戶的集體行動未能對市場產生持久影響。最終，白銀價格未能繼續上漲，運動逐漸平息，但這次事件無疑讓更多人重新認識了白銀的潛力。

股神巴菲特也曾持有白銀

連股神巴菲特在上世紀 90 年代中期也曾大量持有白銀。他於 1997 年開始買入白銀，理由非常簡單，完全基於市場的供需關係。在 1998 年的年度股東大會上，巴菲特表示，他觀察到工業對白銀的需求遠超過當時的供應量。由於白銀主要作為其他金屬開採的副產品生產出來，與其他大宗商品不同，白銀的供應對價格變動的反應相對遲鈍。如果你是一個金礦開採者，雖然你也生產白銀，但不會僅僅為了滿足白銀需求而增加開採量。巴菲特預測，這種供需失衡狀態不可能無限期持續下去。

事實證明，巴菲特的眼光是準確的。1997 年，波客夏公司透過這筆白銀投資獲利 9,700 萬美元。這筆交易對巴菲特和他的搭檔芒格來說，可謂穩賺不賠，而背後只需要一些普通投資者也能看得懂的簡單供需計算。

白銀的供應和需求之間存在潛在的失衡，尤其是在全球經濟不穩定的時期，白銀有可能成為更具吸引力的投資選擇。

"判斷白銀投資價值的關鍵：金銀比"

白銀和黃金同樣屬於貴金屬，因此，在評估白銀的投資價值時，將其與黃金進行比較是至關重要的。金銀比（黃金價格除以白銀價格的比率）是一個關鍵指標，能幫助投資者判斷白銀相對於黃金的估值，如圖 14-1 所示。

你會發現，金銀比與道瓊／黃金比率相似，在一定區間內波動。平均來說，金銀比通常介於 60 至 40 之間。

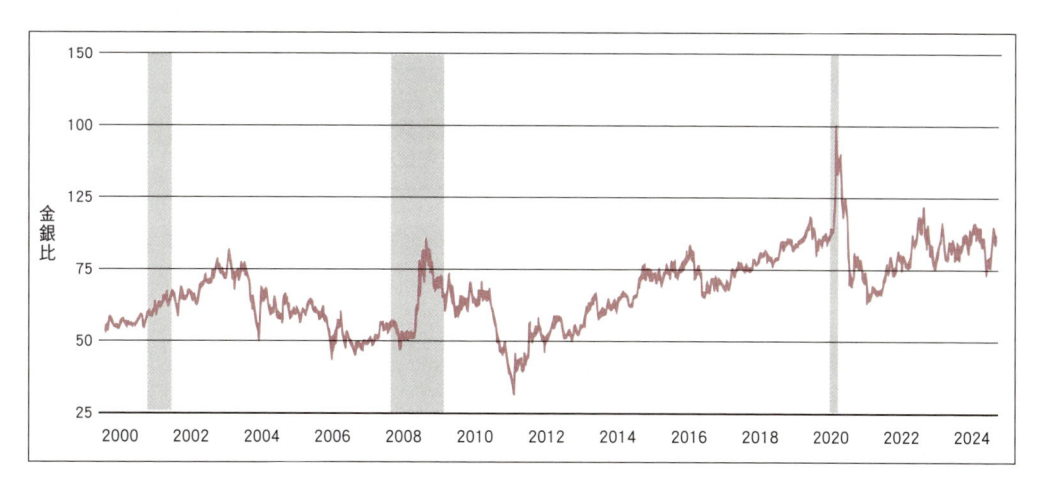

▶ 圖 14-1　金銀比（黃金價格除以白銀價格的比率）。

資料來源：財經 M 平方

從採礦與歷史角度看金銀比

讓我們深入探討金銀比，從不同角度來理解實際數據。

- **地質學觀點**：地球上的黃金對應白銀的自然比例約為 1：19 到 1：20，這提供了一個自然的金銀比基準。

- **採礦角度**：白銀的年產量約為 8 億盎司，而黃金產量略高於 1 億盎司，這使得現實中的金銀比約為 1：8。

- **歷史比率**：歷史上金銀比通常在 6 到 12 之間。而美國國會在 1792 年將金銀比定為 15。

透過金銀比，你會發現 2020 年代金銀比普遍高於 80，不論從歷史或採礦角度，這顯示白銀比起黃金更是一個低估的資產。

"該如何配置白銀？"

目前黃金還是貴金屬的基準，而白銀需要更多研究功課，加上波動大，較

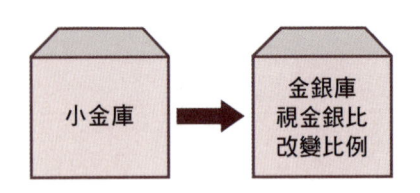

▶ 圖 14-2　金銀庫策略：把預計配給小金庫的資產，依據金銀比做不同的黃金與白銀配置。

資料來源：作者整理

少人投資，流動性低，對於一般保守型的投資人以黃金投資為主，所以我小金庫策略中並沒有配置白銀部位。

然而如果你願意研究白銀，像小吳醫師一樣願意花時間去了解白銀的投資潛力，可以參考金銀比適當加入白銀部位。

投資白銀初階方式：金銀庫投資策略

金銀比以 40～60 為界線，那我們就可以用 Wealth Cycle 概念來設計投資策略，讓小金庫策略變成金銀庫策略，這是最簡單也是容易思考的資產配置。

1. **金銀比 > 80**：黃金高估，白銀低估，可以更多配置白銀部位。保守投資人最好還是以黃金為主，可以採黃金 80%，白銀 20%；積極投資人適度增加白銀，可以採白銀 50～80%，黃金 50～20%。

2. **金銀比 < 20**：白銀可能高估，黃金低估，可以賣掉白銀，換到更多黃金。這時黃金可能也是高估，請參考道瓊／黃金比，確定實際黃金是否也要賣出。

3. **金銀比 40～60**：可以黃金與白銀平衡配置。譬如：黃金 50%，白銀 50% 進行微調。

你會注意金銀比 < 20 時，小吳醫師會更快思考怎麼賣掉白銀換成黃金。因為黃金目前還保有避險與貨幣屬性，是貴金屬最重要的資產，可以長期持有到下一代。但白銀因為有較高波動風險，所以需要思考賣出與轉換的時機。

PART 3　更高的投資視野——資產輪動循環 Wealth Cycle

"如何購買白銀資產？"

接下來就是了解如何買白銀資產了，白銀投資可以分為實物白銀和白銀 ETF 兩種形式。

實物白銀

1. 購買管道：

- 國外：硬幣商店和知名網路經銷商。
- 台灣：台灣金拓、Truney 貴金屬交易中心等網路交易商。

2. 購買品項：

- 建議購買有政府授權發行的知名國際銀幣，例如：楓葉銀幣、袋鼠銀幣、愛樂銀幣、不列顛女神銀幣等。
- 購買時把當時可以購買的管道，選出最便宜價位的知名國際銀幣。賣出時二手管道目前有 Fb 線上社團：白銀線上黃金白銀買賣交換站，可以進行貴金屬二手買賣。

白銀 ETF

- 跟黃金同樣理由，會建議以買實物白銀為主，但因為二手市場買賣較少，並沒有像台灣銀行可以回賣的管道，所以在購買一定量的實物銀幣後，可以適度配置白銀 ETF。

- 白銀 ETF 首推 iShares Silver Trust（代號：SLV），因為它是歷史悠久且規模最大的白銀 ETF。

- 提醒：台灣銀行雖然也銷售銀幣，但不能回購，因此不建議在台灣銀行購買。

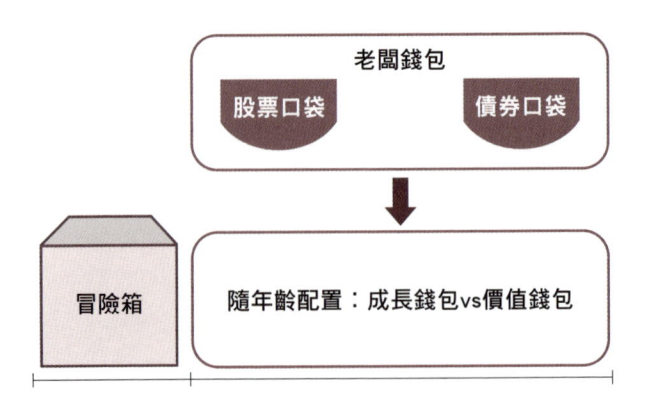

▶ 圖 14-2　Wealth Cycle 金融商品資產池：道瓊／黃金＜5。

資料來源：作者整理

"小吳醫師的Wealth Cycle資產池策略"

經過前面三篇用不同視野發現新的投資策略，這是一個打造資產池的過程，你會發現我們從老闆錢包：股票與債券資產，到學習如何建立冒險箱與小金庫，都是在不斷建立多樣化的資產，學會應對更多風險，掌握投資的主導權。

每人承受的風險不同，資金條件也不同，應該會有屬於自己的資產池，現在小吳醫師會公開全部整個投資系統，叫做 Wealth Cycle 資產池策略讓你參考，你可以視你的狀況加以調整，最後我也會提供你一些資產配置的建議。

Wealth Cycle 資產池策略會有三種情況：

情況1、道瓊／黃金比率＜5：金融商品資產池

道瓊指數／黃金比率＜5，這時股市被低估，黃金被市場吹捧。你會發現市場氛圍不斷追逐實務資產，相對股市上沖下洗，甚至持續一陣子，熊市好幾個月長期下跌，市場對股市沒有任何信心。

這時才是投入股市的最佳時機，你會撿到很便宜的股市價格，擁有極強的上漲潛力與報酬。所以小吳醫師會採用老闆錢包或成長錢包的方式進行，如果有看到新的投資機會，會依風險加入初階或進階冒險箱。

▶ 圖 14-3　Wealth Cycle 實物資產池：道瓊／黃金＞15。

資料來源：作者整理

情況 2、道瓊／黃金比率＞15：實物資產池

在 2024 年小吳醫師就是採用這種配置，因為道瓊／黃金比率＞15，這時適當加入黃金與白銀的資產配置。這是一個波動更大的配置，需要有逆風的勇氣，因為市場只會吹捧各式各樣股票題材與產業發展，然而股市明顯高估了。

但這時不要完全拋棄股債口袋資產，因為長期來看股票還是上漲，而且是股票上漲時間最長的趨勢，你會發現道瓊／黃金比率＞15 的時間特別長，而且有持續上漲的情勢。然而歷史規律讓我們知道，局勢終將反轉，即使我們無法預測哪時候會出現貨幣危機，但我們可以透過分散風險，拿到回報。

所以需要配合股市與黃金白銀等分析，來判斷該採取如何的比例。這部分小吳醫師採用第四篇專家外包方式，尋找認同的專家評估白銀與黃金的資產前景，來決定實際比例。

不想研究黃金搭配，可以採用小金庫策略，最多 30% 的配置，可以保護在危機時期整體資產部位。而小吳醫師因為專家外包，所以認同白銀投資，這時會用冒險箱策略增加白銀的投資。

2024 年因為債務危機、少子化、俄烏戰爭，還有中東危機等潛在因素，未來預期會開始進入實物資產上漲的週期。所以小吳醫師拉高黃金白銀的比例，股票與債券口袋只有搭配整體資產 30%。隨危機加大，實物資產比率可能更多，這已經是完全不同的投資組合模式，請要深入研究再考慮是否進行這樣的投資。

情況 3、道瓊／黃金比值在 5 ～ 15 中間

如果在低利率環境，以 Wealth Cycle 金融商品資產池為主；如果在高利率高通膨環境，實物資產 50%，傳統股債配置 50% 做適當調整。

"給讀者的資產池建議"

分享完我的 Wealth Cycle 資產池策略，你想要怎麼打造自己的資產池呢？我提供一些建議給投資朋友。

對於剛開始投資的朋友

你可以先以「老闆錢包」結合「小金庫策略」當你的起步，這是最簡單也最穩健的資產配置策略。策略很簡單，但背後深刻的投資原則值得你深入學習。在前幾年先去體會市場崩盤、上沖下洗的波動，還能堅持自己的投資策略，從中發現自己的投資風格，面對熊市下跌的內心反應，理解自己是投資成功的不二法門。

給投資一段時間，但摸不著頭緒的朋友

投資要成功，要讓時間成為你的朋友，越短期的買賣進出越難預測與掌控。所以想要提高投資績效，應該從大局著手，你買什麼特性的資產，長期就會取得相對應的報酬。

股票就是長期上漲獲利的攻擊型資產，債券是防守型資產。但這僅限於書中所討論的全球債券 ETF，如果購買公司債，其實是更高風險、類似股票的投資，所以購買公司債發現容易賠錢，這是因為不了解買到資產內在特性所導致。

這時建議想提高報酬，不是尋找明牌或熱門產業，請從「老闆錢包」升級成「成長錢包」，加上「冒險箱」、「小金庫策略」，我相信能讓你更能掌控投資，長期投資獲利。

給被動投資的朋友

相信看完第一篇，你也知道我是支持被動投資，並且當作投資基礎加以延伸。也許黃金在學院派研究覺得不值得一提，甚至有人認為不應該拿黃金做資產配置，建議可以多讀讀第三篇的內容。如果認同我說的「小金庫策略」，希望能幫助你多增加一種分散的資產配置。

給想投資白銀的朋友

白銀是一種高波動而且高風險的資產，流動性遠比黃金差。本書無法囊括我目前所知道的白銀知識，這會是另一本書的份量。我只是拋磚引玉與你分享未來我覺得很有潛力的投資項目，所以請多深入研究相關內容，小吳醫師網站與社團也會分享更多相關內容。

Wealth Cycle 資產池策略，這是我的完整投資方式，希望能帶給你啟發。你可以加入自己認同與深入了解的資產，並記得控制風險，不論是用什麼其他方法，都可以適當採用冒險箱策略，讓整體的風險可控。

書的篇幅有限，有任何疑問，在全書結尾有小吳醫師的聯絡方式、網站與Fb社團，歡迎去網站或社團逛逛，提問或分享本書的心得，我會很開心並且回應你的問題。

PART 4

超越投資的視野
―
人生資本

一位成功的商人來到一個小島度假,他雇了一名當地漁夫來帶他每天出海釣魚。

　　這名漁夫過著簡單的生活,日出而作,日落而息,沒有過多的壓力。商人看著漁夫的生活,不禁問道:「為什麼你每天只捕一點點魚呢?你可以捕更多,賺更多錢啊!」

　　漁夫好奇地問:「為什麼要捕更多魚呢?」

　　商人滿臉自信地說:「你可以賣掉多餘的魚,賺到更多的錢啊!」

　　漁夫輕鬆地靠在船上,問道:「然後呢?」

　　「然後你可以用賺到的錢買一艘更大的船,捕更多的魚,賺更多的錢!」商人興奮地解釋,彷彿已經看到了成功的藍圖。

　　「然後呢?」漁夫依舊平靜地問。

　　「然後,你可以買很多艘船,組建一個船隊,僱用許多人替你工作,甚至開設自己的魚罐頭工廠,這樣你就能行銷世界各地了!」

　　漁夫點點頭,再次問道:「然後呢?」

　　商人越講越激動:「當你成為大企業家,賺了更多的錢,你就可以像我一樣,每年去世界各地度假,享受你辛苦掙來的成功!」

　　漁夫笑了笑,慢悠悠地說:「可是,我現在已經每天在這座小島上釣魚,和家人朋友共度美好時光,生活很自在,我為什麼還要追求那麼多錢呢?」

　　漁夫說完,收起釣竿,繼續享受著當下的平靜時光。

"你要追求怎樣的財富？"

　　這個故事看似簡單，卻讓我們深思：當一個人的生活已經「不錯」時，是否還需要追求更多的財富？許多人對成功和財富的理解不同，像漁夫這樣的人，他們認為簡單生活就是幸福，不需要額外的財富來提升生活質量。所以你有停下來好好思考財富的本質，理解投資的目的嗎？

故事的下集：商人的提醒

　　然而故事還有下半段，在商人與漁夫的沉默之後，商人笑了笑，說道：「你說得沒錯，現在的生活的確讓你感到自在和滿足。但如果有一天，這片海的魚變少了，或是你無法出海呢？那時你該怎麼辦？」

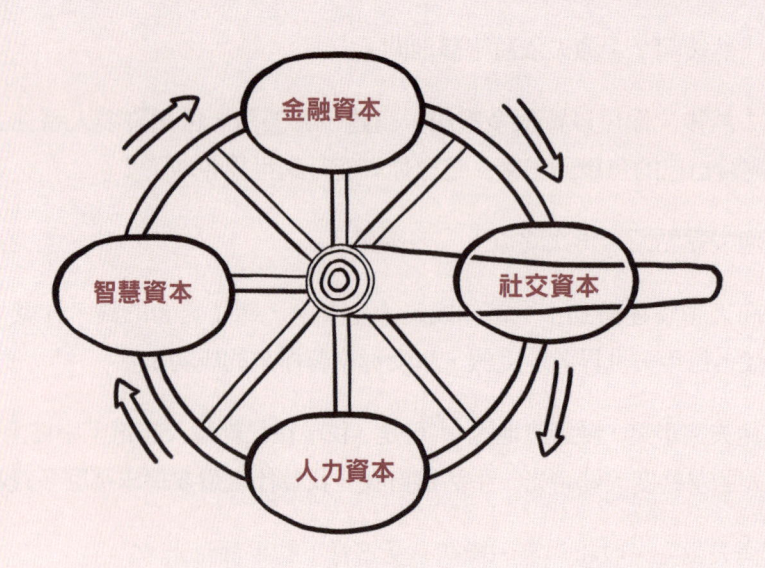

漁夫聽到這裡，眉頭微微皺起，似乎第一次思考這個問題。

商人繼續說：「而我不同。我擁有幾艘船、幾個不同領域的投資，我可以自由選擇何時工作，何時休息。我的生活不依賴於海洋的好壞，這讓我有更多選擇。你的生活看似無憂，但實際上，沒有足夠的選擇權。」

這番話讓漁夫陷入了沉思。

"投資飛輪：讓你的資產自我增長，獲得選擇權"

這個故事揭示了投資的核心價值一選擇權。漁夫的生活看似理想，卻缺乏應對未來風險的能力，一旦環境發生變化，他的生活就會受到嚴重影響。而商人代表的財務自由，則是透過多元化的投資，獲得了更高的生活選擇權和應對風險的彈性。

這就是第四篇想跟你分享的「投資飛輪」的概念：建立一個長期穩定的財富系統，讓你的資產不斷自我增長。投資不僅僅是為了賺錢，而是為了擁有更多的選擇權，讓我們可以掌控生活，抵禦風險，享受真正的自由。

商人和漁夫代表了兩種財務觀點：一種是享受當下，另一種是為未來做準備。而真正的財務自由，來自於這兩者的平衡。打造自己的「投資飛輪」，才能在面對未來不確定的風險時，依然擁有選擇權與生活的主導權。

Chapter 15

從本質看財富——投資的目標是什麼？

在學習投資的過程中，我們掌握了許多投資策略，然而，當我們站在更高的角度來看待這一切時，真正需要思考的是：這些投資帶來的財富，究竟對我們的人生有何實質影響？我們投資的最終目的又是什麼？更深層的問題是——財富的本質到底是什麼？

當我們談論財富時，多數人腦海中浮現的是銀行存款、房地產、投資組合的數字金額，但這樣的理解是否足夠？事實上，單純依賴這些數字來判斷財富，可能會讓我們對自己真正擁有的價值產生誤解。

我們必須認識到一個現實：**貨幣貶值**會使我們的財富看起來膨脹，但實際上不一定會帶來真正的增值。假設你 20 年前以 500 萬買了一棟房子，如今升值到了 1,000 萬，表面上看似你的財富翻倍了，但如果整體物價上漲了 3 倍，你有買到更多東西嗎？20 年前 500 萬價值說不定大於現在的 1,000 萬。如果隨著貨幣貶值，物價上漲，你能購買到的東西也變少了，即使帳面上數字增加，財富卻反而縮水。

為了理解財富的本質，我們應該以更廣闊的視角來衡量財富，財富的本質不僅是金錢數字上的增減。因為法定貨幣貶值影響我們的價值判斷，所以要用多重價值評估標轉準看待「財富」，而非僅依靠貨幣的數字。我們應該從實物資產、人生時薪和內在價值三個層面來評估財富。

"用實物資產看財富：擺脫法幣貶值的誤解"

我們投資的目的是什麼？自然是為了在未來能夠換取我們所需的物品和服

務。然而，如果僅依賴法幣數字來衡量財富，我們很容易被誤導。相反，我們可以用黃金、房地產等實物資產來評估財富，因為這些資產的價值相對穩定，不會像貨幣那樣隨著時間貶值。當你用實物資產來衡量市場時，會發現價格經常會保持在一個穩定的區間，這樣你就不會被短期市場波動所迷惑。

《當貨幣死亡（When Money Dies: The nightmare of the Weimar hyper-inflation）》這本書生動地描繪了 1920 年代德國威瑪共和國的經濟崩潰。當時，貨幣貶值到了可怕的地步，紙鈔幾乎變得毫無價值。書中有一個讓人印象深刻的故事：一杯咖啡原本價格是 5,000 馬克，但等到咖啡送上來時，價格已經漲到了 8,000 馬克。更極端的例子是當時強盜搶劫時，搶的不是紙鈔，而是運送紙鈔的推車，因為推車的價值反而比紙鈔更高！

這聽起來或許難以置信，但現實中，像黎巴嫩和阿根廷這些國家，正在經歷極高的通貨膨脹。2023 年，黎巴嫩的通膨率高達 208%，阿根廷則有 135%。一年物價漲了兩倍也是很可怕的一件事情！

所以我們不應該僅僅用法幣來看待我們的財富，而是要重新檢視自己擁有多少真正有價值的資產，比如股債投資組合、黃金或房地產，甚至可以把法幣數字用黃金為單位來觀察自己擁有多少財富，這才是真正衡量財富的方式。

"用人生時薪看財富：重新思考你的時間與金錢"

你有沒有想過，每工作一小時，真正賺到的錢是多少？「人生時薪」這個概念讓我們不再只看收入的總數，而是從時間的角度重新衡量財富的價值。

計算方法很簡單：用你的年收入除以你每年工作總時數。假設你的年收入是 80 萬元，而你每年工作 235 天，每天 8 小時，那麼一年總共工作 1,880 小時。這樣算下來，你的「人生時薪」大約是 425 元。

但這只是一個理想化的數字，實際上，我們還要扣除許多隱形的成本，比如通勤時間、準備工作所需的時間、工作壓力的緩解，甚至保住工作而產生的額

外費用，像交通費、服裝費和社交支出等。當你將這些隱形成本計算進去，你的真正時薪可能比你想像的要低得多。

「人生時薪」不僅代表你賺到的錢，還反映了你為這些錢付出的時間和精力，這會讓你重新思考每一筆開銷和財富管理。比如，你想要享受一頓奢華的大餐，這頓飯可能需要你花費一整天的工作時間才能負擔得起。那麼，這樣的開銷真的值得嗎？同樣，當你考慮一個高風險的投資時，想一想：這個決定可能讓我損失幾個月的「人生時薪」，是否值得冒這個險？這些問題能幫助你更理性地衡量選擇。

「人生時薪」還提醒我們，除了收入外，時間本身也有價值。有些人為了追求更高的收入，耗盡了自己的時間和精力，卻忽略了生活的質量。他們可能無法抽出時間陪伴家人，也無法享受自己喜歡的興趣和愛好。如果你每天忙於工作，卻無法真正享受生活，那麼這樣的高收入是否真的值得？我們需要找到一個平衡點，在付出的時間和賺到的錢之間找到「甜蜜點」。

真正的財富不在於帳戶上的數字，而在於你是否能夠合理提升自己的人生時薪，同時擁有更多的時間去享受生活、陪伴家人，並做你真正熱愛的事情。這樣，你的財富不僅是金錢上的積累，更是時間和生活質量的提升。

"用內在價值看財富：擺脫外在標籤，找到真正的富足"

當我們談到財富時，許多人腦海中首先浮現的是，銀行帳戶上的數字、駕駛的豪車，或住著的寬敞大房子。然而，真正的財富只是這些外在表象嗎？隨著我們不斷追求更高的收入、更奢華的生活標準，我們是否也該停下來問問自己：我擁有的財富真的讓我的生活更豐富、更有意義嗎？還是我只是在跟隨社會的標籤和期望？

這不禁讓我想到所謂的「中等收入陷阱」，這是一個許多人不自覺掉進的圈套。當我們達到了社會認為的「體面」收入水平後，我們自然而然地覺得自己

應該配得上一些「成功」的象徵：開名貴的車、住豪宅、孩子送進雙語學校或貴族學校。這樣的生活方式，是否真的符合你內心的需求？

試想一下，你在考慮買車時，是否感覺自己應該選擇一輛名貴的 BMW 或賓士，因為這才符合社會對成功人士的期望？你買房子時，是為了能夠讓別人羨慕，還是因為你渴望一個真正與家人共享時光的溫暖小窩？當你為孩子安排各種補習班、才藝班時，是否曾經想過你的忙碌是否剝奪了陪伴他們的機會？你是否有深入思考過，真正能讓孩子受益的教育，不僅僅是外界標準下的學習，而是親自參與陪伴，並且讓他們學會自我成長的能力？

這些問題，迫使我們反思：我們究竟是在為自己的人生打拼，還是在為社會的標籤努力？當我們深陷於這些外界期望中，我們往往會忘記，真正有價值的東西其實並不一定需要花費大量的金錢去獲得。與家人相處的時光、內心的平靜、對生活的掌控權，這些無價的財富是金錢所無法替代的。

我曾經也面臨過這樣的選擇，作為一名醫生，社會總對我們有特定的期待。大家認為醫生應該過著豪華的生活，開著名車、住在昂貴的住宅區，但我逐漸發現，這樣的生活並不符合我的內在價值觀。我選擇過簡單而有意義的生活，而不是被社會標籤束縛。我現在只做半職醫生，這不僅讓我有更多時間陪伴家人，也讓我有機會投資自己的興趣和成長。我不再為追求名牌物質而煩惱，反而擁有更多時間去思考、學習和投資我的財富。

當我減少工作時間時，我的生活質量反而提高了。我的收入足夠滿足生活需求，剩下的時間我可以專注於提升自己，讓我的投資變得更有價值。這種平衡讓我不再被物質和社會期望所牽絆，而是過著真正符合我內心價值的生活。

這並不是說追求物質生活本身是錯誤的，但如果我們不小心，我們很容易會陷入一個無止境的追逐，最終忘記了生活的真正意義。當你不再被外界的標籤牽著走，並開始專注於內心真正的需求，你會發現財務壓力會大大減少，你的生活也會變得更加自由。

透過重新思考財富的真正意義，當你清楚了內心的價值和需求後，你會發現，生活不需要花費那麼多錢去追求表面的東西。內心的滿足與自由，才是真正的財富。

當我們明白了財富的真正意義後，我們還需要思考另一個關鍵問題：我們投資的真正目的是什麼？

"投資常見的目的：被動收入與財務自由„

許多人開始投資的主要動機是追求「被動收入」和「財務自由」，認為這兩者是通往無憂無慮生活的途徑。然而，這背後存在不少誤解。被動收入和財務自由看似理想，但它們並不是如表面般簡單，也不是一勞永逸的解決方案。

首先，對於「被動收入」，很多人誤以為它是一種不用努力就能持續進帳的方式。事實上，無論是房地產、股票投資，還是其他形式的被動收入，都需要大量的前期投入與持續管理。購房出租需要挑選合適的物業、處理房屋維修和租戶事務，股息投資則需要研究市場走向、管理投資組合。因此，這些「被動」收入並不是完全自動化的，它們需要持續的關注和監控。真正的被動收入更多的是讓你不必每天朝九晚五，但還是需要定期投入時間與精力來管理。

同樣，「財務自由」也存在迷思。財務自由並不是達到某個數字後就可以永遠無憂無慮地生活，而是需要不斷地進行財務管理和規劃。許多人誤以為財務自由就是不再工作，但即使達到了財務自由，你仍需要關注投資、應對稅務問題，以及調整開銷和投資策略。同時，財務自由並非一蹴而就，而是多年積累和耐心投資的結果。即便你達到了某個理財目標，也要不斷應對生活和經濟的變化，以保持財務穩定。

最終，無論是追求被動收入還是財務自由，往往過度強調「錢」的本身，而忽視了生活的質量與幸福感。真正的財務自由不僅僅是你有多少錢，而是你是否能夠自由地做出生活的選擇，是否擁有內在的滿足感和對生活的掌控力。

如果你擁有大量的資金，但生活依然被焦慮、壓力和物質欲望支配，那麼你可能依然無法感受到真正的自由。

真正的自由，是擁有更多的選擇權去決定自己的時間和人生方向，而不是單純追求一個固定的數字或收入來源。

"投資常見的目的：準備退休金"

當我們開始計劃退休生活時，很多人第一個問題就是：我需要多少錢才能安心退休？這時，4% 法則就成為了一個簡單實用的工具。

這個法則的核心概念是：你可以每年從你的退休儲蓄中提取 4%，並且在大多數情況下，這筆錢應該能夠支撐你至少 30 年，甚至更久。這個比例被認為是「安全提取率」，因為根據歷史市場回報，這個比例不會讓你的資金耗盡太快。

那我需要多少退休金呢？

假設你估算每年需要 50 萬元來維持退休生活，計算方式很簡單：把你的年支出除以 0.04，也就是 4%，因此，公式是這樣的：

需要的退休金＝每年生活費 ÷4%

以 50 萬元的生活費為例，你需要的退休金目標就是：

50 萬元 ÷0.04 ＝ 1250 萬元

換句話說，只要你有 1,250 萬元的退休儲蓄投入投資資產，譬如價值錢包，你每年可以先從債券口袋提取 50 萬元來過你夢想中的退休生活，而且理論上可以支撐 30 年，甚至更久。

當然，這一切聽起來非常美好，但就像所有的投資策略一樣，4% 法則也不是萬無一失。這個法則是基於過去的市場回報假設的，如果未來經濟狀況變差或

者遇到高通膨，提取的比例可能要更保守一點，例如 3.5% 甚至 2.5%，以確保資金能夠長期運作。

"微型退休：小吳醫師的終極退休模式"

投資的本質是讓時間成為你的盟友，透過長期持有來獲取合理的市場回報，它並不是一個短期內迅速賺錢的工具。如果你的目的是為了在短時間內快速達成財務目標來滿足某些物質需求，這反而應該依賴你年輕時的收入，而非投資來達成。

真正有效的投資目的，應該是為了未來的退休生活做準備，這也是大多數人最常見、最容易著手的方向。

前面提到的 4% 法則，是一個相對簡單的退休規劃工具，但它也並非是萬無一失的法則。因此，最好的策略是先設定具體的財務目標，開始累積資金，然後根據 4% 法則計算你所需的退休儲蓄。但這只是第一步，當你達到這個財務目標後，接下來最重要的事情，不是繼續一味地存錢，而是開始計劃如何將你的工作轉換成一個永遠不想「退休」的志業。

人生的終極退休模式，應該是將工作轉變成你真正熱愛的事情，並能夠一直做下去，直到老去。這樣甚至不需要達到 4% 法則的目標金額，只要你的工作時間越長，退休金目標可以越低。

當你擁有足夠的財務保障，並且同時做著讓你感到充實和快樂的事情，那才是真正的退休。

為什麼這麼說呢？我在上本書《50 歲退休的大小事》一書中描寫了 50 歲之後各種議題的挑戰，退休時財務僅僅是其中的一部分。當你真正停止工作後，失去了忙碌的節奏和同事之間的社交，孤單和無所適從可能會成為最大的挑戰，有的人甚至因為退休沒工作、沒有生活重心，身體健康開始退化，每況愈下。

因此，退休不僅僅是財務上的準備，它更是如何規劃你下半人生、學習如何享受生活的一個過程。

我們可以把人生比作兩個階段：上半場像是成長股，不斷增值，追求成就；下半場則更像價值股，專注於實現自己的價值，學會減法，享受生活中的點滴。這兩個階段的技巧完全不同——上半場注重拼搏和進取，而下半場則應該學習如何簡單而豐富地生活。

既然如此，為什麼要等到「退休」後才開始享受生活呢？在人生的黃金時期，我們就可以開始享受退休般的生活，這就是我所說的「微型退休」。它不需要你等到真正退休後再享受生活，而是現在就開始，逐漸減少工作時間，更多地專注於自己熱愛的事情。

微型退休的實踐形式可以因人而異。有些人可能選擇一年中工作半年，另一半的時間則用來旅遊、學習或追求愛好。而我則選擇逐漸減少每週的工作時間，留出更多的時間給自己，並不斷檢視這種生活模式是否是我未來退休後想要的樣子。

這樣的過程，讓我能夠在年輕時就開始享受生活，並且把投資的真正目的定位於支撐這樣的生活方式。投資的重點不是讓你擺脫工作，而是讓你有能力選擇熱愛工作並享受生活的過程，無論何時都能擁有財務和生活上的自由。

讀到這裡，你認為財富本質是什麼呢？以及投資的目的到底是什麼呢？希望你有了更深的思考。很多人以為，只要達到財務自由，依靠被動收入就能完全不工作，過上無憂的生活。然而，這其實是一種過於理想化的幻想。

對小吳醫師來說，投資的真正目的應該有兩個核心：第一，透過投資來維持購買力，因為隨著時間推移，通貨膨脹會逐步侵蝕現金的價值；第二，建立足夠的資產餘裕，從而在面對未知的風險時依然能夠從容應對。換句話說，投資的重點不在於追求短期暴利，而在於構建穩健的資產池，這樣在生活遇到變故時，我們擁有足夠的資本來支持自己。

當經濟危機或貨幣貶值來臨時，因為資產保值，你就比大多數人更有能力抵禦這些挑戰。而在經濟穩定的時期，這些投資不僅能夠提供財務安全感，還能讓你擁有更多的生活選擇。這就是投資的真正價值——讓你能自由地選擇自己想要的生活方式，而不是被迫工作或擔心未來的不確定性。

很多人會執著於選擇什麼樣的投資標的，或者專注於短期的回報，但真正明智的做法是跳脫出這種短視思維，站在更高的視野來思考投資。投資應該像經營人生一樣，用長遠的眼光來管理我們的資本，讓投資成為生活的一部分，而不是生活的全部，這才是投資的真正意義。這也是我們下一章要討論的主題——如何用經營人生的視野，利用人生資本，創造餘裕來應對風險。

Chapter 16

人生 CEO 思維──
經營你的財富與生活

在我們一路學習投資技巧的過程中，你可能已經掌握了不少投資知識，知道如何資產配置、管理風險，並從市場中獲得收益。然而，當我們從更高的角度來看待投資時，很少人會去思考這件事：投資的本質究竟是什麼？

如果我們回溯到農耕時代，當時的投資並不是股票、債券這樣的金融商品，而是農民將時間、勞力、種子、工具等資源投入土地。每個清晨，農民頂著露水起身，把所有的希望寄託在土地的收成上，這就是他們的「投資」。他們不知道這一年的天氣是否有利，或是會遇到病蟲害，但他們明白，只有不斷投入，才能換來豐收。這樣的「投資」雖然古老，卻與今天我們在金融市場中的風險和收益理念如出一轍。

隨著時代進步，來到 17 世紀的歐洲，商業革命興起，貿易版圖從小範圍的地方交易擴展到了全球。商人們的投資形式發生了轉變，開始涉及更大規模的風險與回報。他們的「投資」不僅僅是買賣商品，而是航行到未知的海域，探險、貿易、冒險。隨著風險與規模的增加，商人們需要更多的資金來支持這些貿易活動，於是股份有限公司和證券市場逐漸應運而生。

荷蘭的東印度公司就是這種股份有限公司制度的開創者。透過將風險與收益共享，商人們不再需要獨自承擔所有的冒險，而是可以讓投資者參與其中，並從中獲取收益。阿姆斯特丹的股票交易所因此成為了世界上第一個正式的證券交易所，投資的形式逐漸從貿易冒險轉向以股票投資這種更穩定、靈活的方式創造財富。

這段歷史揭示了投資的起源：從農耕時代的耕種，到國際貿易的冒險，再到現代的金融市場，投資的本質始終是資源分配與風險管理。而這種投資思維，不應僅限於金融市場，它更應該融入我們如何經營自己的人生。

換句話說，投資並不只是股票、債券等金融商品的賺錢工具，真正的投資是對你人生資源的合理運用。你的人生就像一家公司，而你就是這家公司的 CEO。經營這家公司需要策略、資源管理、風險控制和長期規劃，與投資金融產品有著異曲同工之妙。每一個決定都會影響你的「公司」是否能夠健康運轉、持續成長。經營人生的核心在於長期穩定，並且靈活應對環境變化，這樣你才能真正成為自己人生的主宰。

當你真正成為自己人生的主宰時，身為這個「人生公司」的 CEO，重要的是專注在四大核心資本上：金融資本、智慧資本、人力資本和社會資本。

"金融資本的力量：致富遊戲的四大成功法則"

首先是**金融資本**，我們前面已經討論過很多，它的重點在於學會如何構建一個強大的投資系統，並建立起屬於你的資產池，從而穩步累積財富，讓你更有底氣擺脫不想要的工作，好好經營自己的人生。但要累積金融資本，玩好這場「致富遊戲」，有幾個重要條件需要掌握。

一開始，我對財商和投資的理解是受到《富爸爸窮爸爸》這本書的啟發，特別是其中的金流遊戲。當時，有一位老師教我如何簡單地在這個遊戲中「破關」。讓我震驚的是，最容易成功的不是收入很高的醫生，而是收入相對低的門衛。這點打破了許多人對高收入的迷思。醫生的收入雖然很高，但支出也相應增加，這使得很難有足夠的錢用來投資。而門衛呢？他的收入不高，但支出也少，儲蓄率高，反而更容易快速存下錢，跳脫出職場的「老鼠賽跑」。

那麼，如何玩好這場「致富遊戲」呢？其實，投資只有四項關鍵因素是你能完全掌控。

第一、就是你的儲蓄率。

重要的不是你賺了多少，而是你能存下多少。當你的儲蓄率夠高，財富才有機會快速累積。

第二、你必須願意投資，並且在市場中保持足夠長的時間。

時間是市場報酬的最佳盟友，留得越久，市場自然會帶來回報。

第三、避免犯下重大錯誤。

很多人因為急於賺快錢，採取過於激進的策略，導致本金虧損。如果你犯了大錯，可能就無法長期留在市場，更別提讓資金如滾雪球般增長。

第四、持續提升自己的收入與認知。

當你的收入增加，你的儲蓄率也隨之提高，這樣你就能更快達到財富自由。同時，提升認知也同樣重要，因為理解投資系統和財富的運作方式，能讓你更好掌控這場遊戲。

致富的遊戲不僅僅是賺錢，而是如何控制風險，掌控投資過程，並且讓認知與收入協調一致。這是你在這場遊戲中能夠真正掌控的幾個核心要素，也是持續增加金融資本的關鍵。

"智慧資本：用智慧讓投資事半功倍"

我們常聽說「你只能賺到你認知範圍內的錢」，這句話的意思很簡單，想要成功，你需要不斷提升自己的知識和認知，這樣你才知道如何做出正確的選擇，不論是在人生還是投資上。不過，現代社會充滿了各種資訊和學習資源，光學習知識已經不夠了，關鍵是如何有智慧地學習、判斷什麼對你真正有用，這才是「智慧資本」的核心。

學習其實是「加法」，你不斷獲取新知識，但真正的智慧來自「減法」，即是你要學會過濾哪些資訊對你有幫助，哪些只是浪費時間。每天有大量的YouTube 影片、書籍、網頁湧入你的視野，如果你不懂得如何分辨好壞資訊，很容易迷失在知識的海洋中。

學會過濾資訊的智慧

智慧資本的第一層含義就是：學會過濾和判斷。真正有智慧的人，不會試圖學會所有東西，而是學會哪些訊息與知識應該過濾，不要浪費時間學習。你要有足夠的判斷力來分辨哪些資訊是真正有價值的內容要深入研究。這不僅會幫助你在投資中避免踩坑，還能讓你更有效地運用時間來學習真正有用的知識。

在我投資早期學了數十種技術分析的方法，有看股票型態、RSI、KD 指標，好像每一項都很容易賺到錢，我以為結合這些方法能更有把握正確的進出場，然而在模擬倉測試時，不但沒有買在最低點、賣在最高點，反而多空雙巴，三不五時出錯。

直到遇到技術分析高手點破重點，原來關鍵不是技術指標的勝率，而是調控每筆投資的資金部位能不能賺多賠少，這才是技術分析的智慧。也因此讓我領悟投資的第一與第二守則，變成自己投資方法的關鍵原則。這就是「減法」的力量——聚焦少量高質量的資訊，而不是盲目吸收所有內容。

很多人不是不夠努力學習，而是沒有眼光看到鑽石的價值。所以每隔一段時間，停下來，靜下心思考事物的本質，學習減法的智慧，能幫助你在人生和投資中做出更好的決策。

專業外包：如何選擇值得信任的投資老師？

在學習投資的過程中，選擇一位合適的投資老師就是智慧資本的另一個重要涵義。這本書所強調，我們要用最少的時間獲得長期的回報。但你如果要主動投資的話，勢必你是要花時間跟心血去研究。那怎麼解決這個難題呢？其實對小吳

醫師來說，就是有智慧的挑選一個好的投資老師，然後透過他分析的資產前景，決定自己該如何配置資產。

好的投資老師能幫助你節省時間，帶你避開一些錯誤的道路。但是，如何選到合適的投資老師，這需要智慧。許多人會根據老師驚人的經歷與證照來判斷，或看到某位老師在投資上賺了很多錢，就覺得他很可靠。但實際上這並不是最重要的判斷標準。過去的成功不代表未來能持續成功，挑選投資老師要考慮更深層的因素。

這裡有四個關鍵點可以幫助你選擇適合的投資老師。

1. 老師有沒有堅定的投資哲學？

真正好的投資老師，一定有自己堅定的投資哲學。比如，一位價值投資者可能專注於尋找低估的公司，並堅持長期持有；而技術分析師則專注於市場的趨勢變化，根據過去的數據來預測未來的走向。無論是哪種哲學，這都是投資老師的核心信念，也是你選擇跟隨他的關鍵。就像華倫‧巴菲特那樣，他堅信「買入優質公司並長期持有」的價值投資哲學，這讓他能在股市波動中保持冷靜。

如果老師只是跟隨市場熱點，今天使用這個策略，明天又換另一個投資項目，後天又發現別的投資機會。這樣的老師很可能只是運氣好，沒有穩定的成功模式，這種老師就不值得學習。

2. 他的分析是否有理有據？

網路時代都強調吸睛內容，聳動的標題，方法要「短」、「平」、「快」，然而事實上正確的知識與分析，都是很枯燥的數據分析，扎實的理論推導，過程需要慢慢鋪墊，沒有輕鬆快速致富的法寶，可以說「多」、「深」、「慢」。

但真正的專家會用簡單清晰的方式解釋複雜的概念。好的老師能夠用幾句話概括出他的投資方法，並且能夠理性地分析出為什麼這個策略能成功。同時深入理解他的投資策略，你會發現進入一個深邃扎實的投資世界中。聽好老師的分

享，你可以輕易分析出第二篇五個成功投資系統的關鍵因素。

與之相反，如果投資老師喜歡用華麗的詞彙吸引人，講得過於浮誇，或是看起來像在賣夢想，沒有扎實分析，那麼你就應該提高警覺，不要隨意認定這個老師值得追隨。

3. 他是否重視風險管理？

一個真正負責任的投資老師不會只談如何賺錢，而忽略風險的存在。投資市場總是充滿不確定性，能夠解釋清楚風險，並且制定風險控制策略的老師，才是你值得信任的。如果一位老師總是強調高回報，卻避談風險，你就需要小心了。

4. 他的投資方法適合你嗎？

每個投資者都有不同的風格和需求，如果一位老師的投資方法與你不匹配，那麼再好的策略對你來說也可能不適用。如果你是喜歡長期投資的人，而老師的方法需要頻繁交易，那麼這樣的策略對你來說可能會非常疲累。選擇與你風格契合的老師，才是讓你在投資中更加輕鬆、愉快的關鍵。

像小吳醫師不喜歡頻繁交易與研究大量投資數據，喜歡以最少時間投資，把時間留給自己，所以即使我學了很多其他投資方法，但最終選擇長期資產配置的道路。

智慧資本不僅是學習知識，還應該幫助你在日常生活和投資決策中做出更好的選擇。選擇正確的投資老師，只是智慧資本的一部分，更重要的是，你能夠不斷提升自己的認知，學會判斷和分析。當你能夠運用智慧去分辨哪些知識對你有價值，並且做出適合自己的投資決策時，才能真正掌握投資的藝術。

"人力資本：在多元領域中創造你的收入"

當我們談到「人力資本」時，簡單來說，就是你擁有的技能和能夠創造收入的能力。這是一個相當直觀的概念，因為你掌握的技能和知識直接決定了你能

賺到多少錢，進而影響你累積的金融資本。人力資本就像是財富的根基，當你擁有越多高價值的技能，你的收入來源就越穩固，這也能讓你未來的財務自由更有保障。

然而，當談到如何提升人力資本時，經常會出現兩種爭論：一個是應該專注於某一領域，深入鑽研，達到極致；另一個則是現在流行的「斜槓」思維，學習多重技能來創造更多的收入來源。這兩者都有各自的優勢和挑戰，沒有絕對的正確答案。

但以我，小吳醫師的經驗來看，我更傾向於「斜槓」的方式。然而，大家常常誤會斜槓的真正含義。斜槓並不只是同時學很多東西，而是要在不同領域中找到交集，並且在多元領域中兼顧深度的學習。這樣，你不僅能擁有多重收入來源，還能更靈活地應對不同的市場需求。

深入還是斜槓？找到自己的平衡點

首先，讓我們來探討「深入學習」的概念。如果你選擇只專注在某一個領域，很容易在初期達到一定的專業水平，甚至很快能在那個領域中拿到「及格分」。但隨著學習的深入，提升的難度會呈現幾何級數的增加。當你達到 80 分時，想再進一步提升到 90 分，就需要付出成倍的努力；而想進入前 1%，甚至成為頂尖專家，付出的心力將更加巨大，這並不適合每個人。

相反，斜槓的策略更為靈活，它強調你在多個領域中達到前 25% 的水平，而不必在某一個領域成為極致高手。這是知名漫畫《呆伯特（Dilbert）》的作者史考特・亞當斯（Scott Adams）提出的理論，他認為要過上「不凡的生活」，有兩條路可以走：一是成為某一領域的頂尖人物，二是在兩個或多個領域達到前 25% 的水平。後者的門檻相對較低，但同樣能帶來出色的結果。

他用自己當作例子，他的畫畫技術並不算頂尖，也不算是最幽默的人，但他擁有一定的繪畫能力和幽默感，兩者結合，使他成為了一個既能畫漫畫又能寫笑話的少數人。這樣的組合讓他的工作變得非常獨特且有價值。

結合多領域的能力，創造不可替代的價值

這就是斜槓的精髓：當你在多個領域中達到前 25%，這種組合的效果可能會讓你在市場中脫穎而出，因為很少有人能同時具備這些技能。例如，我本身是個醫生，這是我投入了多年的心血所學會的專業技能。然而，我並沒有侷限於此，而是同時學習了投資和網路行銷。這些額外的技能不僅讓我能在醫療領域中成功，還讓我能在財務和市場領域中有更好的表現。

邊界理論：掌握多領域的祕訣

在多個領域中取得平衡，這就是我所謂的「邊界理論」。當你在某一個領域達到 20% 左右的水準時，很多人會想繼續突破，進入前 5%，甚至 1% 的領域，但這往往會耗費你大量的時間與精力，而且並不一定帶來更大的收益。我的策略是，在達到一定的專業水平後，開始發展另一個技能，並將其作為輔助。這樣一來，我能在多個領域中保持平衡，不會因為過於專注一項技能而失去對其他領域的掌控。

例如，我作為醫生已經有了扎實的基礎，而當我進一步學習理財和行銷時，這些技能反而成為了我的輔助，讓我在職場和生活中更加靈活，並且能創造多元的收入來源。

總之，人力資本是我們生財的根基，而不僅僅是技能的疊加。透過智慧地選擇學習的領域，並在不同領域中找到協同效應，你不僅能夠增加自己的收入來源，還能讓自己在人生中變得不可替代。

"社交資本：透過人脈創造真正的價值"

社交資本的最簡單解釋就是「人脈」，我們常聽到一句話：「人脈就是錢脈」。沒錯，透過人脈，我們能獲得更多的機會、資訊，甚至能透過這些關係創造額外的收入。不過，社交資本的價值其實遠超過金錢，它還包含了許多超越金錢的無形資產。

一個跨國企業總裁的故事給了我很深的啟發，故事主角是 53 歲尤金・歐凱利（Eugene O'Kelly），他本身是一位有 2 萬名員工的會計事務所的跨國企業總裁。但是在 2005 年 5 月的時候，他的醫生宣布他罹患大腦惡性癌症，生命只剩下大概 3 個月的時間。在這時候大家會怎麼想呢？是不是會覺得人生怎麼突然只剩下 3 個月？會替他感到惋惜，對吧？

當他在知道這件事情之後，他重新規劃了他的人生計畫。他把自己的人生規劃成五個同心圓。

最外層的兩層是沒有私交的生意夥伴，他就利用這段時間，開始一個一個打電話或寫 Email，跟他們分享共同的回憶，或感謝相遇之情。

中間的兩層是親戚朋友或同事，他列出這些名單，並安排跟他們單獨見面或共進晚餐，分享彼此的故事，暢談人生。

最內核的是他的家人。他開始花時間與家人共度相處的時光，最後好好說再見。在人生最後的幾天，只剩下妻子跟他在家裡相處。他做了這樣的人生規劃，規劃完之後，他還出版了《追逐日光（Chasing Daylight）》這本書。

在書中，他寫道：「我其實蒙受了祝福，被告知還有三個月可活。人生最後的兩週，所經歷的美好時刻，遠比過去五年加起來還要多。」

這個故事讓我們反思，我們常常花大量的時間和精力追求金錢和事業上的成就，卻忽略了那些真正讓我們感到幸福的人和時刻。如果歐凱利能在生命的最後幾個月領悟這一點，我們為什麼不能在現在就明白它的價值呢？

所以社會可以分為三個層次，每一個層次都承載著不同的價值。

第一層：親密護盾

最內層是你最親密的幾個人，通常包括家人、親密伴侶和最好的朋友。他們是你在人生中最信任、最親近的對象，不管你遇到什麼困難，他們都會無條件地支持你。這些關係的價值超越了金錢，更多的是情感上的支持和陪伴。歐凱利

的故事就提醒了我們這一點，當他的生命只剩下三個月時，他最珍視的時光便是和家人一起度過的那些時刻。這些關係是你生命中的「親密護盾」，給予你精神上的安慰和力量。

第二層：社交支持圈

接下來是大約150人的社交網絡，也就是你認識對方也會互相來往、比較熟悉的人。這些朋友、同事或親戚能在你需要的時候提供支持，你可能不會每天與他們接觸，但他們在你的人生中扮演著關鍵的角色。例如，當你遇到職業瓶頸或需要建議時，這些人可能會提供寶貴的意見，甚至引薦你進入新的機會場域。

第三層：弱連結的關係

最外層是更廣泛的社交網絡，這些人可能是你僅有幾次接觸的朋友或業務夥伴。或許你對他們不熟悉，但這種「弱連結」關係也能帶來意想不到的好處。許多重要的機會，往往來自這些弱連結的關係，因為他們擁有與你完全不同的資訊和資源。這類人脈往往會在你意想不到的時刻，帶來財富、工作機會或新的合作夥伴。

社交資本的真正價值

社交資本不僅僅是為了創造收入和金錢，它還能讓我們在人生的每一個階段都感受到支持和溫暖。當你擁有豐富的人際網絡時，不僅可以在事業上獲得幫助，還能在情感和精神上獲得力量。正如歐凱利在最後的時刻所體悟到的，人生最美好的瞬間，往往來自於我們與重要的人共度的時光，而不是銀行帳戶上的數字。

所以，不論是經營親密的家人關係，還是拓展你的弱連結人脈，社交資本都是你人生中不可或缺的寶貴資產。當你理解這些不同層次的關係，並且用心經營這些關係時，你會發現，不僅你的財富會因此增長，你的生活也會變得更加豐富多彩。這就是社交資本的真正力量。

了解這四個資本之後，你應該花點時間盤點目前你擁有哪些人生資本，而身為自己人生 CEO，更重要是把這些資本串成一個財富網絡，創造更多餘裕面對未來風險，這就是下一章的主題。

Chapter 17

打造投資飛輪——
從專家外包到持續增長財富

在開始介紹我獨創的「投資飛輪」與「專家外包」系統之前，我想先帶大家了解一個關鍵理論。這個理論來自精神科醫師蘭道夫・內塞（Randolph M. Nesse），他提出我們的生活實際上是在六種價值之間進行選擇，這六種價值包括收入、人力、職業、社交、愛情與孩子。這些價值構成了我們人生的模式，每個人會根據自己的重點，在這六個領域中分配精力與資源。

首先，我們可以觀察一些常見的生活模式。圖 17-1 是許多男性常見的典型，男生會以事業為中心，他們投入大量的時間在人力資源上，進而發展職業，這職業會帶來穩定的收入，並且還會建立一個與職業相關的社交圈。如果事業成功，收入逐漸積累，便會進入投資，這是一種以事業為核心的生活模式。

再來看看圖 17-2，一些社交型的人，他們除了人力、職業和收入外，更加注重社交網絡。他們花費大量時間與朋友相處，甚至在這過程中建立愛情關係，並可能有孩子加入他們的生活中。這類人或許職業和收入不是他們唯一的關注點，他們的生活更多元、更注重人際關係。

而對於一些女性，特別是全職媽媽，就會像圖 17-3 一樣，她們往往以孩子為生活的中心。她們的人力主要集中在孩子的養育上，因此職業和收入可能在她們的人生中不是最優先的事。她們的主要目標是透過養育孩子來實現人生的價值，職業收入更多是支持孩子成長的一種手段。

由此可見，這六種價值其實是相互交織的網絡，並且每個人對其中某些價值的重視程度不同，導致他們的人生模式也不盡相同。然而，關鍵的挑戰在於，我們每個人都面臨資源有限的現實——時間、精力和財力都是有限的。所以，當

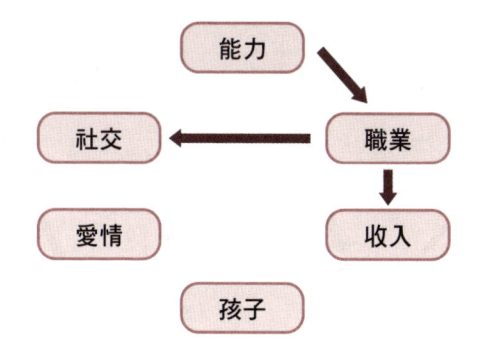

▶ 圖 17-1 事業為中心型模式

資料來源：作者整理

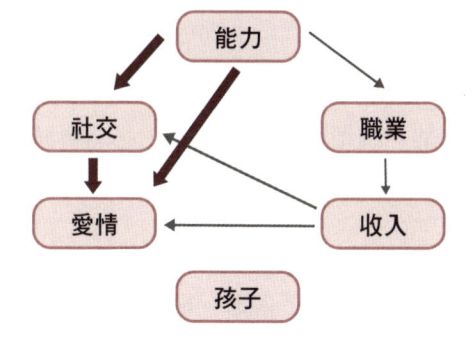

▶ 圖 17-2 喜好派對型模式

資料來源：作者整理

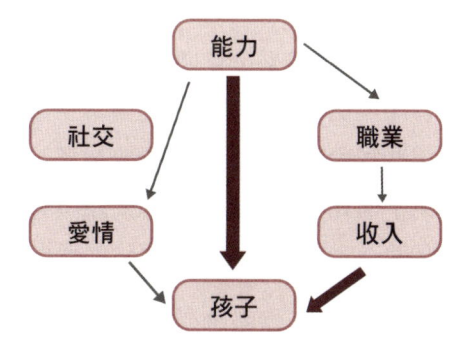

▶ 圖 17-3 以孩子為中心模式

資料來源：作者整理

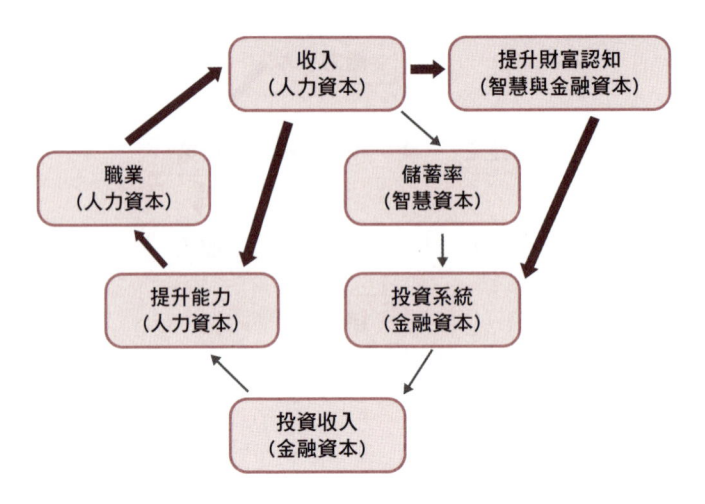

```
                    收入
                  (人力資本)    ───►   提升財富認知
                     ▲                (智慧與金融資本)
                     │                      │
         職業          │         儲蓄率        │
       (人力資本)       │       (智慧資本)      │
                     │         │            │
                     │         ▼            │
         提升能力              投資系統         ◄┘
       (人力資本)             (金融資本)
                     
                       投資收入
                     (金融資本)
```

▶ 圖 17-4　致富遊戲的投資飛輪

資料來源：作者整理

我們將大部分資源投向某一個領域，比如孩子，必然會減少在職業、收入或社交上的投入。

　　為什麼特別提到這個理論呢？如果你仔細思考，會發現它其實與我們上一章所討論的「四大資本」有著緊密的關聯。收入對應的是金融資本，而人力和職業則屬於人力資本，至於社交、愛情與孩子，這些則屬於社交資本。這個理論揭示了一個重要的事實，這些不同的資本並不是孤立的，而是可以相互串聯、相互影響的。

　　當你將這些資本有效地串聯起來，它們不僅能夠提升你生活的整體效益，還可能進一步增強你的資產。例如，良好的人力資本不僅能帶來更高的收入，還能擴展你的社交圈，而這些社會資本又能為你帶來更多的機會，進而增加你的財富。換句話說，當你能夠平衡和整合這六種價值，投資與生活便能形成一個正向循環，就會形成「投資飛輪」，讓你在財富與人生都獲得更大的回報。

　　我們來看看上一章提到的「致富遊戲」，它就是一個最典型的投資飛輪。首先，致富的關鍵在於你是否能有足夠的儲蓄率，而儲蓄率與你的收入和支出息息相關。

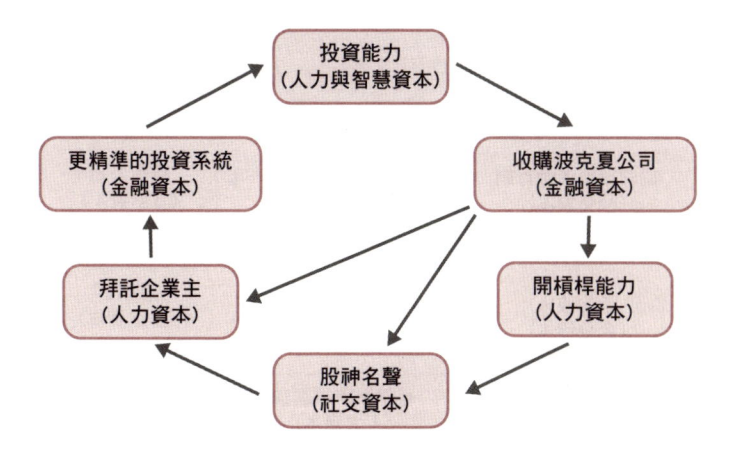

```
         投資能力
       （人力與智慧資本）
        ↗         ↘
更精準的投資系統      收購波克夏公司
  （金融資本）        （金融資本）
     ↑                  ↓
 拜託企業主          開槓桿能力
 （人力資本）        （人力資本）
        ↖         ↙
          股神名聲
        （社交資本）
```

▶ 圖 17-5　巴菲特的投資飛輪

資料來源：作者整理

收入大多是從工作或經營事業的人力資本而來，你的能力透過串聯你的職業來產生收入，這個收入再進入我們的金融資本，也就是投資系統。這個系統可以進一步賺取更多的收入，而這些收入又能支持你提升自己的人力資本，比如學習新技能或進修，你可以學習更強的能力提高收入，你也可以提高你的財富認知，讓金融資本增值更快，進而形成一個自我增強的循環。

這個過程就像是一個飛輪，隨著時間的推進，它會越轉越快。致富遊戲本質上是一個飛輪不斷前進的機制，你要開始從四大人生資本中尋找能夠串聯出這個「投資飛輪」的方式。當你能夠有效地將人力、社會、金融等資本串聯起來，你的致富速度就會越來越快，形成一個正向的、強大而穩固的網絡。

所以，投資其實不僅僅只是一個單純的財務活動，它還是你人生資本的一部分。關鍵在於你如何經營自己，將這四大資本——人力資本、社會資本、金融資本和時間資本，適當地安排在你的人生中。很多人研究巴菲特時，往往只關注他的投資方法，但如果你深入了解他的歷史，你會發現他的成功不僅僅來自於價值投資，而是更廣泛的資本運用。

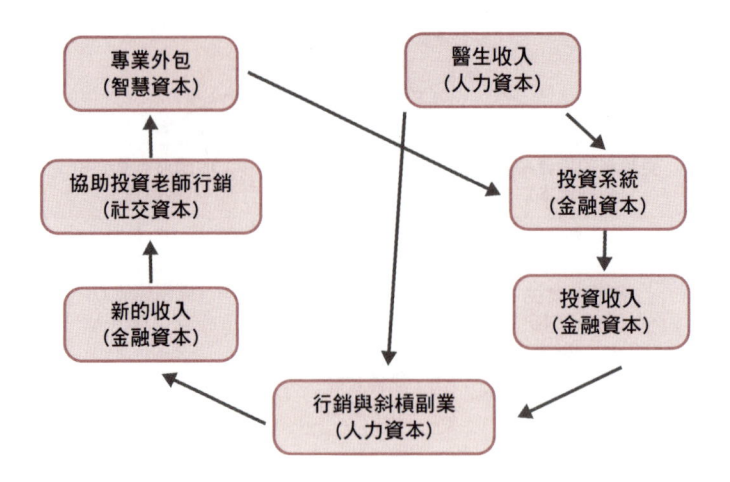

▶ 圖 17-6 小吳醫師的投資飛輪　　　　　　　　　　　　資料來源：作者整理

　　巴菲特真正擅長的是什麼？他在人力資本上投資了自己跟隨幾位知名老師，包括價值投資之父班傑明・葛拉漢（Benjamin Graham），並且成功收購了波克夏公司。

　　波克夏公司是一家保險公司，這讓他獲得了穩定且廉價的資金來源，等於是他開槓桿的工具。他並不是單純的價值投資者，而是擅長利用槓桿來放大他的投資回報。

　　當這些金融資本逐漸壯大，他的投資績效越來越高，這又為他帶來更多的名聲和信任，吸引更多人願意將資金交給他管理，而且他可以拜訪預計收購公司的企業主。這是一種能力資本，能讓他的投資系統更完善、更能精準找到好的公司。這樣，他就創造了一個不斷成長的正向循環，將人力資本、金融資本、社會資本高度整合，使他的投資策略不斷進步，最終達到我們所看到的卓越成就。

　　小吳醫師的投資策略其實也是如此。我有醫生這個職業，這讓我在人力資本上有了穩定的基礎，從而產生收入。而這個收入進一步轉化為我的金融資本，讓我能夠投入更多的資金進行投資。

PART 4　超越投資的視野──人生資本

隨著投資收益的增加，我再將醫生收入與金融資本透過學習變成行銷能力，發展我的斜槓副業，這也成為我另一個收入來源。

這個斜槓副業讓我接觸到許多投資老師，從他們那裡獲得了新的知識和人力資源。而這一切，都與我建立的社交網絡息息相關——社交資本幫我連結了這些關鍵人物，形成了一個良性的循環。

對我來說，最有效率的方式是用最少的時間獲取最大的回報，而實現這一點的關鍵在於智慧資本。我發現在投資的過程中，除了依靠自己的人力，我還可以借助專家的智慧資源，將一些投資分析和決策的工作外包給值得信賴的專家。這樣，我就可以減少在投資上耗費的時間，只需定期查看關鍵的資料，確保策略方向正確即可。這便是我的投資祕密之一。

另外，專家外包不是完全不思考，像很多散戶一樣只想跟明牌，被動等待老師告知進出場的時機。你要做的就是讓專家幫你發現新的低估資產，然後「自己」主動用冒險箱策略思考自己該如何資產配置，「自己」主動設計進出場策略，這才是專家外包的精髓。

所以，小吳醫師的投資策略是透過全面分析自己的人生資本，將各項資本串聯起來，形成一個不斷增長的投資飛輪。同時，透過專家外包的方式，把大部分精力節省下來，專注於建立穩定的資產池，這樣才能應對未來的不確定性，並為自己累積充足的餘裕。

小吳醫師已經把所有投資系統的全貌展現給你看了，現在換你了。你有什麼樣的人生資本呢？每隔一段時間就好好盤點，思考是不是可以彼此加成。如果暫時想不到，可以參考上面致富遊戲的模式，你會發現可以先從學習一個新的能力，創造智慧資本與人力資本起步，這是大多數人開啟投資飛輪的第一步。

接下來，我們將進一步探討內在財富的成長，這將是下一章的主題。

Chapter 18

從財富到內心豐盈——
如何達到真正的人生平衡

在現代社會，許多人將追求財富視為人生的終極目標。他們不斷努力工作，期望賺取更多的金錢，以為這樣就能過上幸福的生活。然而，這樣的財富追逐真的能帶來長久的滿足感嗎？

根據美國的統計研究，隨著收入的增加，財富帶來的快樂卻會逐漸減少，這就是經濟學中的「邊際效應遞減率」。就像吃蘋果，第一顆蘋果讓人覺得美味，第二顆也還不錯，但到了第三顆，那種新鮮和滿足感就會開始減少。同樣的道理，當我們一味追求賺錢、被動收入，並認為財富自由是人生的終極目標時，這種渴望的刺激會逐漸消失，最終將我們引向一個無止盡的死胡同。

因此，我們不應該只羨慕那些擁有巨大財富的人，因為快樂的來源不僅僅在於財富。每個人感到快樂和滿足的方式各不相同，你會發現真正讓人感到幸福的，往往不是金錢本身，而是與他人、自己和生活的深層聯繫。家庭、健康、友誼、個人成長，這些都是人生中的重要部分。

更重要的是，經濟學中有一個概念叫做「均值回歸」，這意味著一切事物都有它的週期，無論是個人還是事業，總有高峰與低谷。我們的工作，即使現在正處巔峰，也終將面臨挑戰與衰退，這是無法避免的。如果過度追求快速致富，可能反而會加速到達巔峰，接著進入「邊際效應遞減」的狀態，隨著資本的增加，賺錢速度不會成正比增加，而你感受到的滿足感也不會持續增長。

所以，財富的累積應該是循序漸進的。最好的致富方式並非快速，而是穩健增長。像滾雪球一樣，慢慢積累資源，讓你的財富隨時間不斷成長，最終達到一個既安全又能帶來內心安穩的境界。

這樣的觀點或許與我曾經身為急診醫生的經歷有關。在我的醫療工作中，見過太多無法預測的生老病死，這讓我學會了更從容地看待生命，對人生更加看得開，並想得更遠。

看得開，是因為即使是家財萬貫的董事長，可能只是出門打高爾夫球就突然心臟病發倒地送醫，在死神面前凡人一律平等。你會發現意外隨時可能發生，我們無法預測生命的長度。

想得遠，因為健康是持續累積的過程，所以也要同時具備長期堅持的耐心，每天一點一滴地累積健康，從長遠的角度去看待這一切。

這種對人生的態度，也適用於我們的投資哲學。當市場出現「黑天鵝」事件時，你是否能看得開，保持冷靜，不被短期的波動影響？當投資組合面臨下跌時，你是否能想得遠，堅持自己原定的策略最終將會獲勝？如果你能想得遠，能把目光放長，不關注短期利益，更專注於長期的成長與回報，那麼你將更好應對投資中的風險與挑戰。

"人生快樂的意義三個要素"

除了財富，還有許多更豐富的人生事物值得我們追求。財富只是工具，用來讓我們過上更好的生活。因此，當我們進行投資時，應該思考真正的目標和方向。

《重啟人生（From Strength to Strength）》這本書提出了三個要素，幫助我們理解人生快樂的真正意義。

1. 這件事情是否具有使命感和意義？
2. 在過程中是否能找到樂趣？
3. 你是否能從中獲得滿足感？

這些問題提醒我們，僅僅追求外在的財富不會帶來持久的快樂。人生的使命感與意義比單純的金錢享樂更能帶來長久的感動。同時，在追求意義的過程中，我們也不能忽視生活中的樂趣。許多人在追求使命時，卻像苦行僧一樣失去了生活的快樂。我們應該找到一個平衡，如何在實現目標的同時，享受生活中的點滴快樂。

最後，滿足感可以用一個公式來解釋：**滿足＝實際擁有／渴望**。當我們的渴望遠超過實際擁有的時候，無論我們有多少，都很難感到滿足。反之，當渴望較少時，即便我們的實際擁有不多，也能輕易感到快樂。因此，調整心態，適度降低不切實際的渴望，才是人生快樂的關鍵。

這些角度能幫助我們重新審視人生和投資的意義。或許你不需要賺到很多錢，基本的生活品質就足以讓你感到幸福。更重要的是，我們應該追求更高層次的使命與人生意義。

其實，對我來說，並不需要出國旅行來尋找快樂。我常常宅在家沉浸在自己的小世界裡，無論是看一本書、學習新的知識來讓自己成長，或是聽音樂享受內心寧靜的時光，甚至是打電動，探索現實世界中無法體驗的奇幻場景，這些簡單的活動成為了我最廉價但也最奢侈的享受。

財富的追求也應該是如此，它不應該只是一個數字的累積，而應該是為了實現更高層次的使命與意義，並讓我們在追求過程中能夠享受點滴的快樂與滿足。當你能夠從這段過程中找到樂趣，財富的意義便不再只是累積金錢，而是一種心靈上的豐盈。

更深入地看，使命是「給予」，享樂是「得到快樂」，滿足則是達到從中「平衡」。財富的真實意義在於，先透過「給予」找到使命感，然後從中「得到」快樂，最後不論結果如何，都能達到內心的安然滿足。

說到這裡，讓我想起了一本書——《別把你的錢留到死（Die with Zero: Getting All You Can from Your Money and Your Life）》。這本書用了一個有趣

的比喻，講述了螞蟻和蚱蜢這兩種對待財富的極端態度。

螞蟻是典型的「存錢型」角色，牠全年辛勤工作，為即將到來的冬天做準備；相對的，蚱蜢則是享樂型，整天蹦蹦跳跳，享受眼前的快樂，對未來不加思索。冬天來臨時，螞蟻存下的糧食能支撐牠過冬，而蚱蜢則因為沒有儲蓄而挨餓。兩者代表了兩種極端的生活方式。

書中提出的觀點是，這兩者之間需要找到一個平衡點，特別是對於那些「螞蟻型」的人來說。很多人終其一生都在努力賺錢，卻從未思考過生活的真正意義。他們可能擁有大量的財富，但內心卻充滿匱乏，因為他們所有的目標都圍繞著賺錢，而忽視了其他更重要的價值。這樣的人可以說「窮到只剩錢」；而「蚱蜢型」則揮金如土，盡情享受生活，但從未為未來存下任何財富。

這本書提醒我們，應該找到屬於自己的平衡點。螞蟻型的人應該學會適當享受當下樂趣，而蚱蜢型的人則應該更有計畫地管理資金，追求人生使命與意義。我們應該花時間深思這些問題，找到屬於自己的節奏，追求內心的豐盈和人生的真正平衡。

這種平衡不僅能讓我們在財富的追求中更踏實，也能讓我們在面對人生中的挑戰與選擇時更加從容不迫，最終找到內心真正的滿足與快樂。

"金錢匱乏效應：如何運用匱乏效應來掌控財富"

這時候可能會有人提出疑問，該如何在追求財富的過程中找到平衡點呢？即使工資提高了，為什麼還是感覺生活壓力不減呢？房租、食物、娛樂等開支似乎總是跟著上漲，讓你覺得無法從財務壓力中解脫出來。

許多人追求財富自由，但他們常常誤解了真正的財富管理。他們認為，只要持續賺錢，就能擺脫財務壓力，實現自由。可是現實卻往往是賺的錢越多，壓力也隨之增加。這背後的根本原因在於一個心理現象，叫做金錢匱乏效應；它讓你無法從財務壓力中解脫出來。

當你「想要」的遠多於「實際擁有」時，你就會感到匱乏。無論賺多少，這種內心的匱乏感都會持續存在，因為你對金錢的慾望無法被滿足。匱乏效應會讓你陷入永無止境的追求，忽略生活中其他的重要面向。例如，有些人即便身價不菲，依然會感到焦慮，並瘋狂地追求更多的財富。這種現象的根本原因在於，匱乏感總是驅使人們以為「再多一點」就能安心。

然而匱乏效應並不全然是負面的。如果我們能夠適當利用這種感覺，它反而能成為激勵你達成目標的推動力。例如，適度的匱乏感能幫助我們專注於財務計畫，讓我們更積極地追求成功。所以說，匱乏效應就像一把雙面刃：它既能激勵你賺錢，避免像蚱蜢般揮霍享樂；但如果過度沉迷於匱乏，就會像螞蟻型的守財奴，拼命賺錢存錢。

幸運的是，找到平衡的訣竅不在於你擁有多少財富，而是在於如何管理「**你對金錢的感覺**」。當你覺得金錢「稍微」不足時，它反而能激發你的動力，讓你更專注於工作和儲蓄，促使你朝目標前進。然而，如果你覺得金錢「非常」匱乏，這種感覺就會開始主導你的思維，讓你只專注於錢，忽略了健康、家庭等同樣重要的事物，甚至可能忽視長期的財務規劃。

這裡介紹兩個原則幫助你駕馭匱乏效應，避免陷入無止境的追求與焦慮中。

鬧鐘原則

這個原則類似於在健身房設置跑步目標：當你達到設定的距離或時間時，鬧鐘會響起，提醒你該停下來。同樣，當你設立財務目標時，應該為自己設置一個「財務鬧鐘」，當達到目標後，適時停住，避免過度追求更多而不自知。

鬧鐘原則關鍵在於鬧鐘訂在一個「略大」於實際所需的財務目標，當超過時就要適時停止。例如，假設你的目標是存下 200 萬元購買房子或進行投資，那麼當你達到這個數字後，應該按下「暫停鍵」，並問問自己：是否可以開始享受生活？是否應該調整目標，將重心從賺更多錢轉移，去思考該如何更好地利用已經積累的財富？

李嘉誠，作為亞洲最成功的企業家之一，他展現了「鬧鐘原則」的實踐智慧。李嘉誠在房地產市場風生水起時，並沒有無止境地投入，而是在達到一定財富規模後，選擇逐步退出風險較高的房地產行業，轉而將投資轉向基礎設施等穩健的長期投資項目。他的這種「知止」智慧，就是為自己設置了財務上的鬧鐘，在合適的時機停止風險較大的操作，轉而專注於保護現有財富，並開始專注於生活和家人。

　　關鍵思考：當你達到財務目標後，是否應該放慢腳步，享受已經獲得的成果？是否有其他非財務目標值得你追求，比如夢想中的旅行、與家人共度的時光，或者捐獻給公益事業？

餘裕法則

　　就是為金錢或人生資本多留點餘裕，就不會輕易陷入匱乏效應。就像為自己的人生留一個「後備輪胎」。假如你在路上開車時，突然遇到車胎爆裂，後備輪胎能讓你安全抵達目的地。同樣，在財務規劃中，留下一部分額外的資金，能幫助你應對任何突如其來的狀況。

　　巴菲特在其企業經營中，始終堅持保留充足的現金作為「緩衝池」。在2008 年金融危機期間，許多公司因資金短缺而瀕臨破產，但巴菲特的公司卻因為充足的現金儲備，得以趁機收購其他被低估的優質資產，進一步擴大了他的財富版圖。巴菲特用這個緩衝池應對了市場波動，不僅保護了自己的投資，還利用危機中的機會獲利。

　　關鍵思考：你是否為自己的財務規劃設置了足夠的「現金緩衝池」？這筆錢可以幫助你在突發情況下，仍然保持生活穩定，避免陷入財務危機或匱乏感中。

　　這兩個原則，一個幫助你在達成財務目標後適時停下來，享受已經獲得的成果；另一個則提醒我們在財務規劃中留有緩衝，確保在面臨突發狀況時依然能從容應對。透過這些方法，你可以不僅擺脫金錢匱乏效應的焦慮，還能建立一個

穩定且抗風險的財務系統，從而更好地享受生活的每一刻。

"在第四篇末尾"

很快，小吳醫師的投資方法已經進入尾聲。在寫完上本書《50歲退休之後的大小事》後，我重新審視了如何真正安穩地退休。許多人以為只要存夠了退休金，生活就可以無憂無慮，但事實遠非如此。金錢雖然能解決一些問題，但更多是錢無法解決的——例如人際關係的維繫、退休後的孤獨感，還有最重要的健康問題。所以，單靠追求財務自由，並不足以應對所有人生的挑戰。

財富的真正價值，不僅僅是追求數字上的增長，而是兩個關鍵因素：第一、維持你的購買力；第二、建立一個能有效抵禦風險的財務系統。這意味著你需要讓自己的資產配置既能對抗通貨膨脹，又能在風險來臨時提供保護。如果我們在退休後過於保守，完全避開攻擊性資產，那麼隨著時間的推移，我們的購買力可能會大幅減少，最終陷入經濟壓力。所以你學會了如何建立你的資產池與打造投資飛輪。這樣，即使面對突發的市場變動或生活的挑戰，你仍能淡然應對，這才是真正的財富。

在這四篇中，你已經完整學到了我所能分享的精華內容。接下來，我們將從外在的財務目標，轉向內心的修煉。無論你掌握了多少優秀的投資策略，如果在面對市場波動時無法保持內心的平靜與紀律，最終還是難以獲得持續的成功。

接下來，詠廷將與你分享關於內心修煉的法則，讓你不僅成為財務上的贏家，更能在心靈層面成為一位成熟的投資者，真正駕馭市場波動，掌控自己的投資命運。

PART 5

最終的視野
―
內在修煉

有個朋友叫做沒眉毛，一開始進入股市時，我提醒他要紀錄並觀察自己面對盤勢的心理狀態。那時他信誓旦旦地說，自己的心理素質不錯，平常就處變不驚，而且投入股市的資金不大，他應該可以看得很開。

他一開始進入股市時，恰好當時市場正處於上升的階段，沒眉毛的投資很快就開始獲利。看著帳面獲利增加，他非常樂觀，每天打開股市 App 看一下賺了多少，已經成為他日常生活中的一部分。隨著股價一路上漲，他的信心逐漸增強，更趁回檔時進一步加倉。

股價不斷飆升，沒眉毛每天都興奮地打開交易軟體查看自己帳戶裡的獲利情況，甚至開始和朋友們分享自己的「成功經驗」。幾個月後，因為之前的獲利，沒眉毛深信自己已經眼光無誤，他買的那支股票簡直是穩賺不賠。股市上漲的趨勢持續，他不斷加碼，甚至開始借錢投資更多的股票。隨著股價的飆升，他看著自己的資產不斷增長，滿懷信心，覺得這樣的好日子會持續下去。

然而好景不常，市場開始露出波動的跡象。起初，沒眉毛感覺股市的下跌只是暫時的修正，並不影響長期趨勢。他心中依然充滿自滿，認為這是正常的市場波動，並且計劃再加碼。

但股市持續下跌，沒眉毛開始感到焦慮。他開始每天關注新聞和各種市場評論，試圖尋找一個合理的解釋，說服自己這只是市場短暫的調整。儘管內心開始不安，但他依然選擇堅持，沒有賣出。

接著股市的下跌超出了沒眉毛的預期，他的投資帳戶出現了巨額虧損。他告訴自己「市場總會反彈」，並拒絕承認趨勢可能已經逆轉。每天，他都懷抱著希望，期待明天股市能夠奇蹟般反彈，但現實卻是股市繼續下跌。

隨著虧損不斷擴大，沒眉毛愈來愈恐懼，恐懼明天又再度下跌。他懊悔沒有早點賣出，自責當初的決策。理智上叫他停損，但同時他又不願在

這麼大的虧損下停損。他的內心充滿矛盾，每天都天人交戰。

市場持續下跌，沒眉毛的資產幾乎腰斬。他覺得過去這段時間所有的努力都白費了，就在這種絕望感籠罩下，市場迎來了史上最大的下殺。當天一開盤，幾乎所有上市櫃公司都是下跌，看著難以置信的超大跌幅，沒眉毛恐慌地賣出所有持股，試圖保住最後的資金。

沒眉毛賣出後三天，市場開始反彈，但他已經不抱有希望，無心再進場投資。身心疲憊的他決定暫時遠離股市，不再關注金融新聞。

市場穩定一段時間後，沒眉毛也重新振作了起來。他重新進入市場，市場也適時上升，看著獲利增加，他再度開始樂觀了起來。不過這次，他記住了我說的話，「紀錄並觀察自己面對盤勢的心理狀態」。

"市場會循環，人心也會循環"

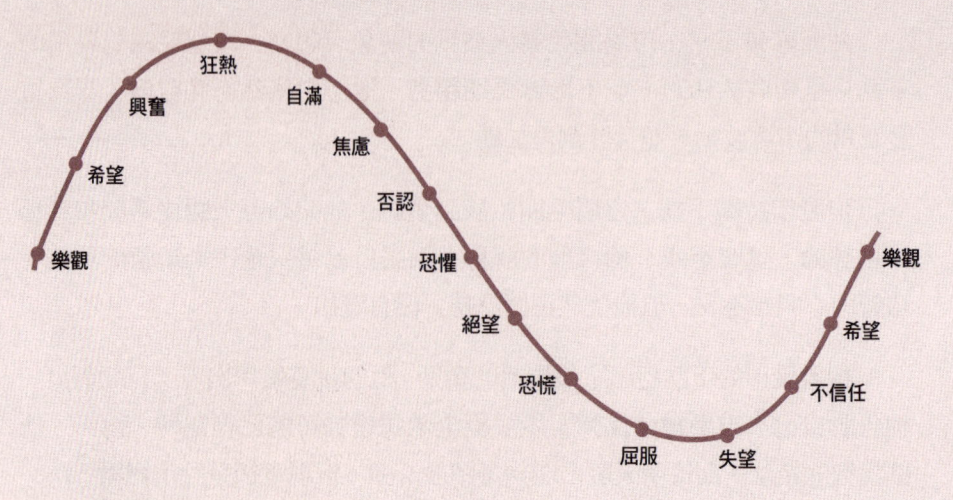

▶ 市場心理循環

資料來源：作者整理

沒眉毛的經歷其實就是典型的心理循環。

第一階段：市場走勢上升期

1. **樂觀**：市場開始上升，投資者看到潛力、決定進場，認為自己能獲得不錯的回報。

2. **希望**：市場持續上升，投資者充滿希望，開始相信這次投資將帶來豐厚回報。

3. **興奮**：市場表現強勁，投資者開始變得自信，甚至考慮加碼或追高。

4. **狂熱**：市場進一步上漲，投資者過度樂觀，認為市場會繼續上漲，此時容易出現過度冒險行為。

5. **自滿**：投資者相信自己掌握了一個「成功公式」，認為市場的好景將長期持續，並忽略風險。

第二階段：市場走勢震盪期

1. **焦慮**：市場開始顯示出一些波動跡象，投資者感到不安，但仍然認為只是暫時調整，選擇持倉。

第三階段：市場走勢下降期

1. **否認**：市場下跌持續，投資者不願承認趨勢逆轉，堅持持有，拒絕賣出。

2. **恐懼**：隨著損失擴大，投資者感到恐懼、變得悲觀，同時懷疑自己的決策、不知如何應對。

3. **絕望**：市場下跌加劇，投資者感到絕望，失去方向，並開始考慮大幅削減頭寸。

4. **恐慌**：在恐慌中，投資者匆忙拋售，試圖儘快止損，避免進一步的財務損失。

5. **屈服**：投資者最終認輸，賠錢割肉離場，心情跌至谷底，決定不再參與市場。

6. **失望**：投資者感到極度失望，覺得市場無法信賴，並後悔當初的決策。

第四階段：市場走勢回升期

1. **不信任**：市場開始回升，但經歷過損失的投資者對這種反彈不抱希望，認為是暫時性的。

2. **希望**：市場逐漸穩定，投資者開始重新建立希望，準備再次嘗試進場。

3. **樂觀**：隨著市場上升，投資者的信心逐漸恢復，心態再次回到初期的樂觀狀態。

認識典型的心理循環很重要，因為投資時最重要的一件事情，就是掌控自己面對市場波動時的心理反應。當覺察到自己的心理反應時，可以對應到上述的心理循環中，提醒自己可能處在什麼階段，以避免做出不利的決策。

在故事中呈現的心理循環看起來只是屬於個人的心理狀態變化，但實際上也可以視為整體市場心理循環的縮影，因為整體市場可以說就是整體交易心理的總和。

將心理循環視為整體市場心理循環的縮影，有助於我們判斷市場情緒，尤其是相對高點和相對低點的時候。在市場接近相對高點時，你可能會發現周遭的人都開始談論股票，有些人已經買進股票、ETF，有些人正在猶

豫要不要進場。然後，當連猶豫的人都進場時，市場通常已經在高點附近。而當市場出現大跌，周遭的人的態度從認為會反彈到絕望賣出，認為股市不可控，都是主力在操弄時，通常已經在低點附近。

你可能已經發現，**從心理循環的角度來看待整體市場，甚至連數字都不需要看，就能大致判斷市場處在循環中的哪個位置。**

如果自己的心理狀態跟整體市場的心理狀態同步的話，那也就意味著，自己的情緒會隨著市場價格波動，這樣很容易做出不利的決策。所以學習如何掌控心理狀態，不受市場波動影響，是投資最重要的一件事。

大多數人以為掌控心理狀態就能擺脫心理循環的情緒反應，藉此克服漲跌、超越循環。但實際上我們無法擺脫情緒，情緒無所不在，我們不能直接去對抗、壓抑情緒，或者用理智去告訴我們自己不應該有情緒，那樣做注定會失敗。而因為情緒無法避免，所以我們要做的是透過調控心理狀態，降低情緒帶來的負面影響。

Chapter 19 你必須知道的投資心理學

我有個朋友姑且叫他土撥鼠，他相信指數投資可以帶來豐厚的回報，所以幾年前就開始定期定額買入大盤 ETF，但在 2023 年，台灣股市來到歷史高點附近時，他猶豫了，到底要不要先賣出，等它跌了再買回呢？

我們都已經知道，定期定額投資大盤 ETF，是一種穩健的投資方法。但當真的開始投入資金後，我們往往會受到各種心理因素影響，而去調整投資行為。實務上的投資行為也不只是簡單的買進賣出而已，有針對單一標的單純的加減碼、選擇標的、更換標的、決定要繼續持有還是賣出、決定每次分批投入的金額佔總金額的比例……等等。這些投資行為的背後，有四大心理因素在影響。

這四大心理因素分別是：**欲望、心態、認知、情緒**。在本章接下來的內容中，將會用各種情境說明這四大心理因素和投資行為的關係。

"欲望"

賺錢的原動力：欲望

如果你問土撥鼠當時為什麼會進入股市呢？

你會得到一個答案：因為薪水太少。

但如果你繼續深入，你會發現土撥鼠深受父親影響。

他的父親非常優秀，從小他就把父親當做目標，無論是事業還是投資。然而他到 2023 年為止，在任何領域的表現，從來都沒有超越過他的父親，一次都

沒有。

他的父親在投資前，總是很認真地研究基本面，常選擇體質好、本益比低的績優股買進，長期下來的年化報酬率在 10% 左右。然而土撥鼠本金太少，同時也因為不想要買零股，所以也就不能買高價的績優股。因此他選擇投入大盤 ETF，理由是長期下來的報酬率也接近 10%。

時間來到 2023 年，大盤指數接近歷史高點時，土撥鼠手上的 ETF 已經賺超過 50%！

這時候土撥鼠動搖了，他實在是很想要馬上賣出，不只是因為獲利超過 50%，更重要的是，這可是證明他自己第一次勝過父親的機會！

表面上看，大家進入股市，都是為了錢而來，但往深處看，卻不是這麼一回事。

以因貪婪產生的 FOMO 心態（擔心錯過賺錢機會而進場）作為例子。會有這樣的念頭，可能不只是因為「想要趕快存一筆錢」，或「想多賺點生活費」，或「想要幫自己加薪」而已，往更深層看，可能是因為「想要證明自己有投資獲利的能力」或「想要獲得其他人的認同。」

「想要證明自己有投資獲利的能力」分成兩種。第一種是純粹想要證明自己「有能力」；第二種是想要證明「自己」，也就是一種自我認同。

「想要獲得其他人的認同」是一種想要與人產生連結的渴望。被理解、獲得認同，那一瞬間產生的緊密連結，可以說是人最深的希望，也是價值所在。

因此，人很難接受被他人「誤解和否認」。一旦被誤解和否認，就會想要「解開誤會」或「證明自己是對的」。不過，每一個人想要證明的能力和自我認同都不完全一樣，同樣的，每個人想要被認同的地方也都不同。

因為欲望是賺錢的原動力，所以當深層欲望不同，就會導致面對市場波動時有不同的行為產生。而如果我們能夠覺察到深層欲望，那麼我們就可以調整它，

讓它變得更適合我們的需要。

"心態"

樂觀的投資人 vs 悲觀的投資人

有兩位也買大盤 ETF 的朋友，就叫他們 A 跟 B 吧！

這兩位朋友跟土撥鼠一樣，在 2023 年大盤指數接近高點時猶豫了。

A 認為 2023 年是 AI 產業起飛的第一年，隨後會繼續帶動整個產業鏈，所以認為大盤指數會繼續攀升；但 B 認為 AI 產業根本還看不到應用場景，應該是泡沫。所以當時 A 就繼續持有，B 則賣出。一開始 B 很高興，因為如他所料，AI 相關類股股價崩跌，大盤指數大幅下殺。但一年後，B 感到非常後悔，因為 AI 持續成長，2024 年大盤指數屢創新高。

無論是樂觀還是悲觀，都是屬於長期的狀態，不會輕易轉變。而 A 的樂觀和 B 的悲觀，造就了不同的投資行為。但其實樂觀或悲觀，都不是賺賠的決定性因素，也無法分出好壞。因為在不同的情境下，他們各有優缺點。事實上，最好的心態是「平靜穩定」、「開放彈性」，因為這樣就不會隨市場波動而起伏，更能冷靜地根據情況做出判斷和採取行動，同時也不會囿於過去的成功經驗，而願意調整投資策略。

"認知"

帳面獲利的認知錯覺

我們常聽到，甚至自己也說過類似的話：「我原本賺 XXX，現在只賺 ○○○，如果早點賣掉就好了。」

會有這樣的現象，是因為當人看到帳面獲利的數字時，內心會不自覺得認

為「這些獲利已經是屬於自己的」，並且忘記那其實是尚未實現的獲利。所以當帳面獲利下滑時，就會心有不甘，好像賣出就是虧損一樣，而不願意賣出。

不願意賺得比預期的數字還要少

有個朋友 C，他人脈廣闊，常有各種小道消息，譬如說，在 2023 年時，他曾聽說某公司要擴廠，股價上看 60 元，而那時股價才 30 元！所以他就趕緊先買入該公司的股票，結果真如消息所說，股價開始往上衝。漲到 55 元時，他很高興，因為這一把已經快賺了一倍！他想著明天沖，一根漲停板就達標了。但股價這時候開始在 50～55 元之間震盪，他原本很放心，想說只是震盪一下，很快就上去了。然而突然間，股價跌破 50 元，來到 46 元，他覺得不甘心，還是不想賣出。結果接著連續三天跌停板，最後他終於在 33 元賣出，賺了 10%。

預期並不一定會成真，但在貪婪的驅使下，我們往往不願意面對這個「不一定」，而用各種解釋來說服自己預期一定會成真。但實際上，市場是無法精準預測的，投資交易的必勝聖杯並不存在。

當股價上漲時，不願意賣出，是因為不願意賺得比預期的數字還要少。當股價開始回落時，不願意賣出，是因為有帳面獲利的認知錯覺。

因此，如果只是短線操作，可以在心中設定一個獲利的下限，當價格超過這個下限時，就認定為是「額外多賺的」，並且設定自動停利單，讓價格觸及下限時，自動賣出。這樣就可以避免因為貪婪而不想賣出，最終反而沒賺，變成賠錢的後果。

限制性信念

土撥鼠，其實不只是買大盤 ETF，他為了替自己加薪，還在 2022 年時接觸了技術分析。在 2023 年的前半年，土撥鼠運用大盤走勢跟個股的比對強弱，加上他對個股的盤感，成功抓到了好幾次個股短期的走勢，幾個月內的勝率高達 80%，替自己加了好幾個月的薪水。他對自己的技術分析感到非常有自信，認為

已經掌握到技術分析的精髓。

但 2023 年中後，股市大幅度下跌，他的技術分析接連失準，原本超過 80% 的勝率，直接跌到 30%，不要說替自己加薪了，反而還倒貼！但他不相信自己的技術分析不適用當時的情況，不斷地嘗試，結果有一天，在他接電話的時候，走勢突然急速反轉，直接跌超過他的停損金額，他看著帳面虧損，心中很不情願認賠，猶豫再三後，決定乾脆不停損，繼續持有。但接下來一個月，股價始終沒有漲回去，他只好認賠殺出。經過這次大虧後，他終於開始認真思考他的技術分析到底哪裡出現了問題。

信念的構成，同時包含認知、情緒、行為，不過當信念一旦形成，就會變成認知判斷中的一部分。而限制性信念，是指某些信念本身不容許被挑戰，也因此這些信念極難被改變。

實務上，任何方法都有機會從市場中獲利，但當某個方法成功多次之後，很容易會形成限制性信念，使思考失去彈性，拒絕嘗試，採用其他方法，儘管其他方法可能更有效果。限制性信念一旦形成，就很難跳脫，往往要到面臨重大虧損時，限制性信念才會被打破。

所以學習任何方法，都要提醒自己，每一種既定方法都有侷限性。無論自己使用這個方法成功多少次，都不代表這個方法可以適用所有一切的情境，我們必須隨著情勢調整，保持彈性。而無論哪一種方法，最為關鍵的都是：**保本—長期存活在市場上的人才是贏家，且才有機會成為大贏家。**

絕對數字 VS 百分比

有個朋友小櫻，她學歷不好，沒有正職工作，長期靠打工賺錢。幾年前叫她早點投入股市，她都認為自己本金太少，而且又不懂股市，所以從沒認真考慮過這件事。然而 2020 年後，通貨膨脹嚴重，生活成本大幅提高，她發現再不想點辦法，自己賺的錢都要被通膨給吃掉了！考慮再三後，她決定投入股市。

當時她已經存了一百萬，這些錢是她的血汗錢，所以她非常謹慎。在真正

進入股市之前，她做了很多研究，請教了許多前輩。在她覺得準備好了之後，才真正開始投入資金。

她知道即便很看好某支股票，也不能一次投入全部資金，所以一開始她投入了 20 萬元，買了一支很看好的績優股。這間公司業績穩定，股價波動不大，而現在價位偏低，因此她覺得買得很安心。三個月後，股價一直沒有低於她買的價格，但也沒有漲很多，所以這期間她並沒有再買進。不過，當她看到帳面已經賺了 7,000 元，非常的開心，但她同時也想到，這支股票平常波動不大，會不會等一下就開始下跌？就在她這麼想得時候，股價還真的稍微下跌了一點，她立刻焦慮起來，愈想愈擔心，深怕這 7,000 元就這樣不見了！最後她決定有賺就跑，落袋為安。而就在她賣出後，這支股票居然連續兩天漲停板。小櫻只好安慰自己說，至少有賺，畢竟誰知道股票什麼時候會漲呢？

在沒有訓練好自己之前，我們都很容易太在乎帳面賺賠的絕對數字，而忽略實際的投資報酬率。

小櫻存了好幾年才存到 100 萬，並且分批買股票，但當她看到帳面賺了 7,000 元時，她開始動搖了。因為 7,000 元對小櫻來說已經很不錯了！畢竟她要存多久才有 7000 元呢？於是她忽略了 7,000 元只佔了 20 萬的 3.5%，且從它的總金額來看，實際上只佔了 0.7%，如果換算成年報酬率才 2.8%。這在高通膨時代，比起很多穩定的投資收入還低！

投資是一場「百分比的遊戲」，所以主要看的是「總金額的報酬率」而不是絕對金額。如果我們太在乎絕對數字，那麼很容易就會被些微的股價上下震盪給震離場。

小櫻錯過了兩根漲停之後，很懊悔自己太早賣出。所以她很快又花 20 萬，買入了另一支股票，這次她選的是被認為有潛力大漲的熱門股。她一買入，隔天就漲 5%，帳面多了 1 萬，她笑得合不攏嘴，她心想，這次要把上次沒賺到的都賺回來！但沒想到，才過一天，開盤就變成跌停，原本賺 1 萬，馬上變成負 1 萬。她看著帳面的數字，全身緊繃，感到心臟怦怦地跳，然後她的呼吸愈來愈快，接

著突然感到一陣呼吸困難後,大口喘著氣。她想著,天哪!1萬元,我要存多久?然後她想到她上次賺的 7,000 元,如果這時候賣掉的話,她只賠 3,000 元,於是她忍痛按下賣出鍵。兩天後股價反彈向上,之後一路緩漲,幾個月後,股價已經是當時的兩倍。

人們對於損失有認知偏誤,同樣的金額獲利和損失,損失的痛苦會比獲利的快樂還要大,通常同樣金額造成的痛苦至少是快樂的一倍。所以小櫻上次賺 3.5%,這次賠 5%,她當然是心痛不已。但因為她是分批進場,所以實際上從總金額來看,這只佔了她總金額的 1%。

如果小櫻能夠以「總金額的百分比」來看,等待一時的下跌,而不是用絕對金額來看待,那麼她就更能夠承受股價的下跌,並更長期的持有股票,讓子彈再飛一會兒。

進場時機對信心的影響

因為每個投資人進出市場的時間點不同,所以並不是所有投資人都會歷經心理循環中全部的心理狀態。

舉例來說,如果投資人進場時,市場已經處於狂熱狀態,可能才投資就面臨虧損,所以很可能才剛帶著樂觀進場,就直接歷經焦慮、否認、恐懼,然後尚未歷經恐慌就出場了。

對於進場後,市場走勢就開始意外地反轉向下、一開始就失利的投資人,容易認為自己的能力不足以從市場中賺錢、失去信心,甚至就此認定自己不適合投資波動較大的市場。

反之,對於進場後,市場走勢就符合樂觀的預期一路向上、一開始有獲利的投資人,容易獲得信心、認為自己有能力從市場中賺錢,即便之後歷經投資失利,也比較能夠振作。

事實上無論是一開始失利,還是一開始獲利,都跟能力沒有絕對關係,因

為「股價是由市場決定的」，而不是自己。所以無論你是在什麼時機進場，要記得提醒自己，一時間的失利或獲利，都是學習的養分，你正在培養自己、讓自己成長茁壯。

"造成虧損的主要情緒"

恐懼

還記得我那樂觀的朋友 A 嗎？他在 2024 年時笑得很開心，但其實在 2023 年中，大盤指數大幅下殺的時候，他可不是這樣的。

朋友 A 回憶起那時的情景，他說他眼睜睜看著大盤跌了又跌，從 7 月底到 10 月，越來越往下，然後在 10 月底，終於跌破以為不會破的 16,000 點時，他腦海中充斥著恐懼，只剩下一個念頭，「再不跑是不是就來不及了？」

市場在下跌時，是由恐懼主導。現在心理學家以演化和大腦科學的角度來解釋恐懼。

從演化的角度來說，某些危險訊號是深植於基因之中的。譬如，科學家發現猴子的大腦中，居然有能夠認知蛇的細胞！但這不是說這種細胞只會認知蛇，而是會辨識出類似蛇的東西。這導致猴子不僅看到蛇會感到恐懼，看到類似蛇的長塑膠管，也會感到恐懼！

從大腦科學的角度來說，恐懼只是一瞬間，更麻煩的是恐懼引發的恐慌。人感到恐懼時，大腦邊緣系統會活化，抑制大腦前額葉反應，使判斷能力下降，進入直覺反應模式，由大腦邊緣系統來決定要戰鬥還是逃跑，這時候如果身體會出現呼吸加快、顫抖等反應，就被稱為恐慌。一旦進入恐慌狀態，就很難馬上恢復。

而無論是從演化還是大腦科學的角度來說，恐懼由「可以看見，且即將到來的威脅」所引發。面對市場突然的下跌時，許多投資人感到恐懼，這時候大多

數人的反應是趕緊出場，為什麼呢？這是因為當恐懼發生時，大腦只會想著趕快消除恐懼，而這時什麼方法可以讓恐懼消失？出場！

焦慮

朋友 A 在大盤指數持續下跌時，不自覺地每天關注起新聞和各種市場評論。當他看到負面消息時，心裡就覺得七上八下，開始胡思亂想起來，甚至想像著明天又跌的話，那會有多的糟糕。同時他又產生自責的想法，責怪自己當時怎麼沒有像朋友 B 一樣先賣出。如果當時有賣出，現在下跌還可以撿回來，賺個波段。而當他看到正面消息時，又告訴自己，情況沒那麼糟糕，這只是市場一時的錯殺，很快就會漲回來了。

他的情緒就在正負面消息之間持續擺盪，他不斷試圖尋找出一個合理的解釋，想要說服自己的判斷是對的，市場是錯的，讓自己的心平靜下來。

焦慮跟恐懼不同，焦慮是從「想像」中產生。

當大腦認為「某些結果可能會導致令自己感到恐懼的事情發生」時，就會產生焦慮。由於需要先進行超越空間和時間的推論或預測，才會感到焦慮，所以目前的大腦科學認為只有人類會感到焦慮。

因為牽涉到大腦的推論功能，所以焦慮跟信念有千絲萬縷的關係。當一個人的信念太過侷限而沒有彈性時，就很容易焦慮。在投資觀念不清楚時，可能會有很多矛盾的信念共存，導致人過度焦慮，而無法做出決定。

焦慮往往讓人過度擔憂可能的風險，使得投資人傾向於保守選擇，而錯過潛在的機會。在市場走勢不明時，焦慮還會導致持續的壓力和猶豫不決，進而影響長期決策。

緊張——從恐懼、焦慮中誕生

緊張的根源就是恐懼或焦慮。人在感到恐懼或焦慮時，往往會感到身體變

得緊繃、呼吸急促、心跳加快、冒汗、沒有食慾……等等,這種狀態就被稱為緊張。

從大腦科學的角度來說,緊張跟恐懼或焦慮一樣,會使杏仁核活化、抑制前額葉的活動,使情緒波動、降低判斷力。而緊張的功能,主要在於當大腦邊緣系統判斷要戰鬥還是逃跑時,可以提高神經敏感度和對特定事物的注意力。雖然會降低了縝密思考的能力,但卻能即時反應。

投資時,無論是長中短期,在面對漲跌時,如果人處在緊張狀態,那麼大腦就相當於處在恐懼或焦慮狀態中,難以做出正確判斷。

貪婪

從大腦科學的角度來說,當預期能夠獲得巨大利潤時,大腦就會產生多巴胺,讓人感到興奮、滿足,並驅使人去追求更多的收益。而當大腦反覆受到多巴胺驅動後,由於曾經享受過獎勵的快樂,所以對獲得獎勵的需求會越來越強烈,並且會想要更快地獲得獎勵。這就是貪婪的大腦機制,也是為什麼貪婪的人沒有耐性的原因。而在這種情況下,也會抑制前額葉的活動,使判斷力下降,同時,也會抑制杏仁核的活動,讓人無所畏懼。所以貪婪容易使人做出冒險的行為。

貪婪,不僅讓人只看到眼前的利益,忽略長期的利益,還會因為未實現的帳面獲利增加,讓人產生過度自信,認為自己能夠賺更多,而忽略風險。並且在下跌時,因為帳面獲利減少而心有不甘,而不願賣出獲利。

貪婪也會造成 FOMO(Fear of Missing Out, 害怕錯過)的心態。當投資人看到其他人在某些投資上快速賺到錢時,FOMO 的心態就會讓他們也想參與其中、害怕錯過快速賺錢的機會,而在沒有做功課的情況下就跟風進場,結果常買在高點附近,最終造成重大虧損。

貪心跟貪婪的差別在哪裡?貪心是深植於欲望之中,是長期存在的貪。而貪婪則是因情境而引發的反應,是短期的貪。

少賺的懊悔

之前已經錯過了兩根漲停的小櫻，在第三次賣出股票後，股價又向上噴出，她腦海中閃過前兩次賣出之後股價就往上走的懊悔。她決定這次一定要抓住機會，不能眼睜睜地看著股價一直向上漲，自己卻只賺到一點點，所以她立刻用市價買入股票。但這次股價並沒有跟之前一樣一路漲，而是漲一天後，就開始下跌。這時她還是想著前兩次的經歷，鐵了心就是不想錯過這次機會，好像這個機會是千載難逢一般。當價格跌破她再次進場的買入價時，她還是堅信股價會像之前一樣會向上噴出。但隨後股價跌跌不休，直接從高點腰斬。好險這次她依然謹記著要分批買，只買了兩張，所以只虧掉幾萬元。

少賺的懊悔，常常讓人在相對高點時，因為貪婪而再次進場追高，結果價格反轉向下時，又不甘心賣出，最終蒙受巨大損失。

很多人買股票是將資金一次全部投入，然後一次將股票全部賣出。這樣的做法會讓少賺的懊悔非常強烈，容易埋下日後追高進場而蒙受損失的種子。所以學會分批買賣，非常重要。不僅可以減少懊悔，也可以在不確定走勢時，先享受獲利，或減少損失，更有機會賺到子彈再飛一會兒的報酬。

然而，如果你是依照本書的投資哲學來投資，那麼就可以一次全部投入大盤ETF，因為大盤 ETF 長期上漲，且實際上無法預測漲跌，所以可以不需在意短期的波動，直接全部投入。而這其實就是主動投資和被動投資最大的差異之一。

"恐懼、焦慮與欲望的交互作用"

小聰和小美交往多年後，小聰向小美求婚，小美落淚答應後，兩人滿懷期待，開始籌備婚禮。隨著婚期的臨近，小美開始懷疑結婚後，婚姻是否會像她父母那樣充滿痛苦。她感到非常矛盾，既渴望婚姻的幸福，又害怕婚後可能的痛苦。對於婚後的種種痛苦想像逐漸佔據了她的心，愈接近婚期，這種想像愈發得強烈，原本對婚姻的期待似乎已經感受不到了。就在她穿上禮服，要走進禮堂的前一刻，小美只想要逃離那種恐懼。小聰還在禮堂等待著小美，但小美已經穿著

禮服離開，沒有留下隻字片語。

很多人都有類似的經驗：信誓旦旦的說某支股票只要跌到某個價格，自己就會買進，結果價格愈來愈接近時，呼吸加速、愈來愈緊張，當價格真的跌到那裡的時候，反而又告訴自己，它可能還會再跌，乾脆再等等，然後⋯⋯然後就沒有然後了，因為股價已經反彈，一張都沒買到，只留下滿滿的懊悔。

這背後的心理機制，其實跟上面逃婚新娘的故事相同。

如果一個目標可以同時讓人產生欲求和恐懼或焦慮，那麼當我們離目標有段距離的時候，一旦想到目標，欲求增加的速度會遠大於恐懼或焦慮，驅使我們接近目標。而愈來愈近目標的時候，欲求增加的速度反而會小於恐懼或焦慮增加的速度，最終當目標近在眼前時，恐懼佔了上風。

徘徊在恐懼、焦慮與欲望之間——這就是為什麼很多投資人猶豫不決的原因。恐懼、焦慮和貪婪，是造成虧損的三大因素。恐懼和焦慮讓人盲目而失去機會，貪婪則讓人陷入險境而不自知。恐懼和焦慮使我們內心充斥著未來可能發生的壞事，貪婪則使我們充滿對擁有財富後的想像，而忽略風險，不去準備避險方案。

"總結"

影響投資行為的四大心理因素：

1. 欲望

欲望是行為的內在動機，包含企圖、貪心⋯⋯等等。

然而我們往往只看到表面的欲望，譬如：想要成為有錢人、科學家⋯⋯等等，並錯把表面的欲望當作是真正的目標。要真正的控制欲望，就要了解深層欲望。

2. 心態

心態是長期的心理狀態,包含樂觀、悲觀、平靜、自信、自卑、積極、消極、開放、保守……等等。

心態會影響我們對事件的看法,進而影響我們的情緒。所以最好的心態是開放、平穩。用開放的心態去面對意料之外的走勢時,我們能夠認知到自己的問題,並調整我們的投資策略。用平穩的心態去面對漲跌時,就不會讓情緒隨之起伏,而能夠冷靜地採取行動。

3. 認知

認知是對狀況的判斷和詮釋,包含知識、信念、價值觀、投資哲學、各種認知偏誤……等等。

要特別注意帳面獲利的認知錯覺、不願意賺得比預期的數字還要少、限制性信念、絕對數字 VS 百分比、進場時機對信心的影響。

4. 情緒

情緒是短期的心理狀態,包含快樂、高興、痛苦、懊悔、恐懼、焦慮、貪婪、緊張……等等。

造成虧損的主要情緒是恐懼、焦慮、貪婪,此外少賺的懊悔加上貪婪,也是虧損的重要因素。徘徊在恐懼、焦慮與欲望之間,是造成猶豫不決的主因。

Chapter 20

克服漲跌，圓滿人生

土撥鼠在 2023 年，最終沒有將大盤 ETF 賣出。當時發生了什麼事呢？

當時是 7/28，適逢週末，他下班後坐在書桌前，想起自己投資大盤 ETF 的原因，不只是因為它長期年化報酬有 10% 左右而已，更是因為他仔細研究過後，認為這是他保本的最佳方法！至於技術分析短線的進出，只佔他一小部分的資產而已，並不影響大局，有賺很好，賠掉也沒關係。

想到這裡，他原本有點急促的呼吸開始緩和下來，心跳也沒那麼快了，他感覺身體放鬆了不少。這時，他突然想到，那到底為什麼他那麼想要把它賣掉呢？他實在想不明白，所以他把想要賣出的可能原因通通寫下來，然後開始抽絲剝繭。最後終於發現原來他真正想要賣出的原因，只是因為想要贏父親一次。

然而其實仔細想想，就算他沒有賣出，他也已經贏了，因為父親從來沒有帳面上漲 50% 過。當他這麼一想，他突然覺得他更接近父親一些了，原來他們之間的差距沒有自己想像中那麼大。在那一瞬間，帳面賺 50% 要不要立刻兌現已經不重要了，他知道他已經走在正確的道路上。

影響投資行為的四大因素為欲望、心態、認知、情緒。如果無法調控這些心理因素，就會隨著市場的波動循環而產生心理循環，做出錯誤的決策。我們要克服漲跌、超越循環，就要調控這些心理因素。在這些因素中，欲望是最為重要的因素，其次是心態，再來是認知，最後是情緒。然而最難直接控制的卻是情緒，不過我們可以透過依序調整認知、心態和欲望來降低情緒的影響。

認知，最重要的是建構出自己的投資哲學。

心態，最重要的是隨時保持開放、穩定。

欲望，最重要的是知止。

"投資哲學"

本書所展現的，其實就是一套投資哲學。在前面的章節中，小吳醫師已經完整地展示了他的投資哲學，從他的核心目標開始，一直到他自創的投資飛輪，最後連結到人生的意義。

投資哲學有兩大重點：

1. 能夠滿足深層欲望
2. 選擇出自己絕對不做的事

第一點是投資哲學的核心目標，並由此來推展出整個投資哲學。當推展到極致，投資跟生活會融合在一起，達到「怎麼生活就怎麼投資」的境界。

第二點表明投資哲學是一種選擇，而選擇的關鍵，不是自己可能會做什麼，而是自己絕對不會做什麼，這就是紀律的基礎。紀律就是節制自己的行為，譬如，本書的投資哲學所顯示的紀律之一，就是無論短期盤勢如何震盪，都不會因為一時的情緒而賣出。

你可以從本書中看出，小吳醫師的核心目標是財富和時間自由的平衡，而且在追尋這個目標的過程中，不只是累積財富而已，他的生活也越來越有意義和豐盛，最終他建構了最適合他生活的投資方式。

投資哲學的意涵不只是它會指導我們如何投資，讓我們有紀律可以依循，更重要的是，經過一系列的歷史回顧與實踐，並思考整理過後，只要是在我們的認知範圍內，我們將獲得面對各種情況的能力，所以無論盤勢如何變化，我們的情緒也不會過度反應。在平時我們不會焦慮，即使是盤勢突然大跌時，由於我們已經思考過如何面對這種情況，並且早有心理準備，所以不會恐懼，也不會恐慌。

而面對盤勢大漲時，我們也有因應之策，不會因貪而做出錯誤的決定。因此，當我們建立起投資哲學後，我們就獲得了讓心態平穩的基礎。

雖然本書的投資哲學就如同小吳醫師不斷提醒的一樣，並不適用於任何人。但本書卻是一個非常好的示範，讀者可以試著依循這樣的思路，去尋找出適合自己的投資方式，並建立起屬於自己的投資哲學。

"穩定心態"

從本書的內容中你可以發現，沒有一個投資哲學能夠適用所有情況，每一種投資哲學都是一種選擇。因此，任何時候，都要保有開放的心，並且平穩的面對未知。

要讓心態平穩的技巧很多，譬如：靜坐、正念、冥想……等等，但這些技巧中不可或缺的就是「呼吸」。因為呼吸跟情緒有密切關係，緊張時呼吸急而短；放鬆時呼吸緩而長。情緒會影響呼吸，反過來呼吸也會影響情緒。透過調整呼吸不僅可以讓身體放鬆下來、平復情緒，當持續專注在呼吸時，還可以讓心態維持平穩，長期練習之後，甚至可以在任何情況都能讓心態保持平穩，不會因為外在因素而使情緒波動，並且專注在要處理的事物上。這是因為我們無時無刻都在呼吸，所以在長期練習之後，只要一意識到呼吸，就能瞬間進入平常練習的平穩心態。練習呼吸對投資有很大的幫助，但由於呼吸法有很多種，這裡只介紹一個簡單快速又好上手的呼吸法。

呼吸方法（每次 10 分鐘）：

練習時，先找一個安靜、不會被打擾的場所坐下，用自己覺得放鬆、舒適，以及可以讓身體感覺穩定的姿勢坐好。然後將注意力放在呼吸上，感受空氣在體內的流動，儘量慢慢地吸氣，再把空氣慢慢地慢慢地吸到腹部，你可以感受到腹部被空氣慢慢地撐開。這時不需要將氣吸飽，使得腹部被撐滿，而是要讓身體保持放鬆，所以當感覺差不多無法吸氣時，就慢慢地慢慢地吐氣。無論是用鼻子吐

氣，還是嘴巴吐氣，又或者一起用，都可以。這時候也不需要完全將氣吐完，因為這樣會想要大口吸氣，反而會使身體緊繃。吐氣會稍微比吸氣長，如果發現吸氣比較長的話，可能是因為身體處於緊繃。如果有發現身體哪裡緊繃，可以稍微動一動或揉一揉緊繃的地方，試著放鬆後再繼續。

在過程中，一開始容易出神去想各種事情，這很正常。這時候你只要接納這個事實，然後再重新把注意力拉回到呼吸上即可，無需責備自己。

如果容易出神，可以在每次感到吐出氣時，計算次數，用數數字來集中注意力。練習多次後，你會發現你已經忘記數數字了，而只專注在呼吸上。

這個練習的關鍵是，讓自己身體一直維持在放鬆的狀態，但要保持對呼吸的注意力，儘量不要睡著。每天至少找一個時段練習，長久下來，對於穩定心態很有幫助。

"控制欲望"

控制欲望，會經過三個階段：

1. 了解深層欲望
2. 增強企圖心並減少其他欲望
3. 抑制過剩的企圖心

了解深層欲望

欲望是賺錢的原動力，包含企圖、貪心……等等，然而這些欲望背後，往往有更深層的欲望在影響。要了解深層欲望，可以透過自問多次「為什麼」或者「為了什麼」來深挖、直面自己內心深處的欲望。通常這個步驟至少要經過五次，才會觸及深層欲望。有時候，「為了什麼」比「為什麼」效果更好。要注意的是，這個練習很可能一次無法做完，而要分成很多天才能獲得真正的答案。

我們來看一個朋友 C 的例子：

1. 問自己為什麼要投資？（也可以問自己為什麼要賺錢？或為了什麼賺錢？或賺錢對自己的意義）

    譬如：不只是想要把錢放在銀行，因為放在銀行，隨著通貨膨脹愈來愈嚴重，錢就會愈來愈薄。所以開始投資是因為不想要只是存錢，還想要讓這些錢隨著時間而逐漸增加，且超過物價上漲的程度。

2. 承接 1，問自己為什麼會有那樣的想法？或為了什麼而這麼做？（依上例，即為什麼不只是想要存錢，還想要讓錢增加到超過物價上漲的程度。）

    譬如：因為想要過更好的生活，我想要一年出國兩次。

3. 承接 2，問自己為什麼會有那樣的想法？或為了什麼而這麼做？（依上例，即為什麼會想要過更好的生活？且為什麼能夠一年出國兩次就算是更好的生活？）

    譬如：因為現在自己過得很辛苦，沒有空閒時間，每次滑臉書、IG，看到別人出國的樣子，都很羨慕，所以想要存錢，到時候讓自己可以過那樣的生活。

4. 承接 3，問自己為什麼會有那樣的想法？或為了什麼而這麼做？（依上例，即為什麼會因為自己過得很辛苦，沒有空閒時間，就羨慕別人出國，而想讓自己也那樣？）

    譬如：因為沒有出過國，所以想試試看，但實際上我不知道自己出國之後，是不是真的就很喜歡那樣的生活。其實我不知道自己要什麼。

5. 承接 4，問自己為什麼會有那樣的想法？或為了什麼而這麼做？（依上例，即為什麼說自己不知道自己要什麼？）

    譬如：因為我沒有想過自己真正想要的東西是什麼，所以只是看到別人有，就也想要擁有。我可能認為，如果我能夠得到那些別人有的，就證明了我自己也是有價值的，或者是說當我有錢了，就證明了我自己。

透過這個過程，朋友 C 才發現到，原來他賺錢是想要證明自己有價值。這讓他開始深思，是不是有其他證明自己的方式呢？

事實上並不是每一個人的深層欲望都可以直接連結到賺錢，但只要能夠了解自己的深層欲望，都能夠幫助自己增加達成目標的動力。

我們再來看朋友 D 的例子：

1. 問自己為什麼要開始投資？
   譬如：因為我想要靠自己賺到足夠的錢。

2. 承接 1，問自己為什麼會有那樣的想法？或為了什麼而這麼做？
   譬如：因為我想要獨立。

3. 承接 2，問自己為什麼會有那樣的想法？或為了什麼而這麼做？
   譬如：因為我想要逃離家。

4. 承接 3，問自己為什麼會有那樣的想法？或為了什麼而這麼做？
   譬如：因為我害怕我的另一半，他一直用金錢控制我，不讓我做我想做的事情。

5. 承接 4，問自己為什麼會有那樣的想法？或為了什麼而這麼做？
   譬如：我想要做我自己想做的事，我不想被任何人束縛，我想要自由，這樣才能實現自我。

在朋友 D 的例子中，賺錢是為了逃離，逃離是為了實現自我。

如果在練習的過程中，他挖掘到最後是「因為我害怕我的另一半，他一直用金錢控制我。」那麼這個趨避動機是一種負面驅動，認為只要有錢就不會被控制，也就不會害怕了。所以進入股市賺錢只是一種手段，而選擇股市，很可能是因為想要儘快逃離，因為認為股市是一種快速賺錢的管道。實務上，如果有認知到其他手段，可能就不會選擇股市了。

PART 5　最終的視野──內在修煉

增強企圖心並減少其他欲望

企圖心是為了滿足深層欲望而存在的，是最強的欲望。我們想要控制欲望，一開始不能去減少企圖心，反而要先想辦法增加它。這就是「將欲弱之，必固強之」的道理。

要增加企圖心可以分成五個步驟：

1. 設定目標：

因為企圖心就是想要滿足深層欲望的表現，所以設定目標時，目標必須要跟自己的深層欲望有連結，才會產生強大的動力。

以小吳醫師來說，他的目標就是達到財富和時間自由的平衡，因為這樣在財富增長的同時，又可以滿足他內心深處想要陪伴家人的深層欲望，而這也是他投資哲學的核心目標。

譬如：深層欲望是想要證明自己，而證明自己的方式是要比父親賺得多。父親一輩子存了 3,000 萬元，所以至少要存 3,001 萬元，這就可以作為長期的目標。如果只是靠感覺隨便訂出一個目標，這樣的目標基本上是無法達成的。

不過要提醒的是，數字雖然可以作為階段性的長期目標，但它不會是終極目標；因為數字只是滿足深層欲望的一種方式，但不是深層欲望的全部。以上面的例子來說，其實證明自己還有其他方式，不一定得要跟父親比較，甚至就算超越了父親，也不一定能夠真正滿足深層欲望。因為除了跟父親比較之外，還可能想要跟其他對象比較，直到滿足為止。

2. 減少跟目標無關的事情

要減少跟目標無關的事情，可以先觀察自己把時間花在哪些事情上，然後先扣除必須要做的事情，剩餘的部分再區分出哪些是必要和不必要的事情，接著再區分出哪些是跟目標無關的事，然後依據事情的輕重緩急來減少。

譬如：以睡眠時間 7 小時為例，發現自己平日一天的時間分配大致為：工作 9 小時、通勤 1 小時、吃飯 1 小時、洗澡 0.5 小時、看電視（影集／節目／電影）2 小時、玩遊戲 1 小時、滑手機（社群軟體、查詢資料、逛街）2 小時、學習 0.5 小時。

　　a. 先扣除必需要做的事情：工作、通勤、吃飯、洗澡。

　　b. 然後在剩餘的事情中找出對自己來說是必要的：滑手機（可能是為了維繫關係或查詢資料）、學習。

　　其中，維繫關係可能是因為工作上的必要，所以無法減少；查詢資料可能只是因為看社群軟體時，突然想到要查一些東西，所以跟工作和目標無關，可以儘量減少；逛街跟目標無關，可以儘量減少。

　　c. 不必要的事情有：看電視、玩遊戲。

雖然不必要的事情看起來是可以直接減少，但其中某些行為，例如：玩遊戲，可能是用來犒賞自己的努力。這種看似不必要，也與目標無關的事情，實際上很重要，必須要先保留下來，因為這種行為可以用來維持動力。

3. 逐步排除跟目標無關的欲求

日常生活中，有些事情總體而言可能不太花時間，但卻一直想要做，例如：買飲料喝、吃美食、挑好看的衣服穿……等等。這些欲求雖然可能不太花時間，但每一個累積起來的時間也很驚人。更重要的是，這些小欲求會令人分心，讓人無法專注在自己的企圖上。所以平常就要觀察自己有什麼小欲求，然後儘量排除。

4. 將時間集中思考如何達成目標以及執行上

經由 2～3 的過程，就可以重新分配自己的時間到跟目標有關的事情上。

首先是思考如何達成目標。一開始不需要有什麼完整的計畫，這是不可能的。只要有初步的藍圖，甚至是只有第一步就可以。因為關鍵是要能夠真正的跨出第一步去執行。

訣竅：思考如何執行時，要將執行的目標切得又小又具體。

譬如，為了透過投資賺錢，那麼可以先買一本投資入門書來看。然而自己平常又不看書，怎麼辦？那麼可以將執行的小目標訂為：「今天早上先讀一行文字。」大多數人，一旦這麼做了，就會不小心一直讀下去。

人有一種特性，「人一旦開始進行某一件事情，且不小心進行地頗為順利，就會不自覺得持續做下去。」而我們就是利用這樣的特性來訂小目標和執行。

5. 根據 4 的結果進行修正，重複 1～4 的步驟

因為一開始第 4 步驟是不完備的，甚至是只有第一步，所以一定會需要調整。不過要注意的是，回到步驟 1，通常不是修正大目標，而是修正大目標之下的小目標。因為要達成大目標，通常不只一種方法，而不同的方法就會有不同的小目標和評價方式。

透過以上的過程，你的企圖心會愈來愈強，而無關的小欲望會愈來愈少，同時還會強化達成企圖的技術，而技術強化後，更會反過來再強化企圖心。這樣一來，整體欲望就變成企圖心獨大的局面。在這種情況下，企圖心會幫助我們棄而不捨的往目標前進，直到達成目標。

抑制過剩的企圖心

當我們已經滿足深層欲望，卻還想要更多，這時候過剩的企圖心，其實就是貪心。曾經因貪心而痛過的人，自然懂得收斂貪心、懂得滿足、有所節制，進

而形成紀律，因為會想到那時的痛。但如果沒痛過，怎麼辦？

事實上，如果我們基於本書的投資哲學來投資，那麼關於貪心，就只有一個核心問題：「漲這麼多了，我是不是要先賣出賺波段，等下跌之後再買回？」

因為貪心而先賣出，只有兩種結果：

1. 賣出後就持續上漲，追不回來。
2. 賣出後不久，果然下跌，然後一直認為還有可能會跌更低，一直沒進場，結果反彈太快，又沒買到。

無論哪一個結果，都是得不償失。你可能會有所疑惑，為什麼會這樣？

在第一種情況，一旦賣出後，價格繼續往上漲，這時候不敢買回的原因是怕自己買在高點，隨後價格就反轉向下。

而第二種情況為什麼不可能在跌了一些的時候就買回呢？這是因為一開始賣出的原因是認為「漲這麼多了」，如果只下跌一些就買回的話，那意味著只賺取了那一點點的價差，而且買回的總股數還會變少。

同時，萬一如果買回後繼續下跌的話，原本賺錢的還可能變成賠錢。所以在這種情況下，因為貪心，是不會想要買回的。然後就會一直想等更低的價格出現，最終演變成沒有進場。

賺取波段的投資哲學跟本書的投資哲學不同，除非你的投資哲學可以融合兩者，不然當你突然在不同的投資哲學間進行切換時，很容易因為不適應而做出錯誤的決策。

因此，我們應該要做的是堅守投資哲學的紀律、穩定心態，同時不忘記去「想像貪心帶來的惡果」，藉此警惕自己。若是覺得很難想像，那麼可以藉由閱讀、聽聞別人的故事來增強想像。想像越是細節，真實感就會越強。這裡的想像，不是要讓我們感到恐懼，而是要讓我們心生警惕，提醒自己不要因為一時貪心而

鑄成大錯。

如果不是基於本書的投資哲學來投資，那麼在我們的企圖心、技術和自信都很強時，潛藏的貪心很容易就會浮現出來，在特定的情境下激發出貪婪的情緒。

貪婪會讓人「想要儘快得到，而忘記思考、忘記風險。」所以我們可以反其道而行，來抑制貪婪。這裡提供一些問題，來幫助我們「放慢、思考、正視風險」。

1. 把為什麼「現在就要買（或賣）」的原因「寫下來」？（還記得上一章提到的 FOMO 嗎？）

    例如：聽分析師說 EPS 要成長 30%、股價會漲到 60 元，現在才 42 元，再不買就來不及了！

    為什麼「寫下來」會有效？因為當想法或感受被寫下來後，人就可以比較客觀的看待這些想法或感受，並產生更實際、恰當、有幫助的行為。

2. 想像一下，假如現在沒買（或賣），你會少賺多少？（還記得上一章提過少賺的懊悔嗎？）

    例如：可能會少賺 10%，但依然可以賺到 20% 左右。

3. 想像一下，假如現在沒買，你會損失多少？（答案是零。）

    冷靜思考沒有任何損失。

4. 檢視 1 列出的原因，有哪些資訊可以確定是真實的？

    例如：業積成長 30% 是法人在法說會自己預測的，而過去法人的預測都頗為準確，所以應該可以當作是真的。但股價會漲到 60 元，這是電視節目上的分析師說的，不知道真假。

5. 承接 4. 思考一下，自己的想法是根據哪些假設，而這些假設有沒有證據可以支持？

    例如：a. 我原本假設分析師說的是真的，但現在想起來，才發現分析師好像沒有說為什麼股價可以漲到 60 元。

    　　　b. 我假設現在不買就來不及了，但實際上我不知道明天到底是漲還是跌，也沒有任何證據可以證明或者預測明天股票的漲跌。

6. 有沒有其他標的，可以賺到類似的報酬率？（如果有，那麼何必執著於一支股票？）

    例如：我不知道⋯⋯我沒有花時間去找，只是看節目時看到而已。

7. 承接 6.，那麼為什麼自己「現在」就要買（或賣）？（少賺永遠比沒有思考風險而虧損來得好。）

    例如：我覺得我只是擔心自己原本可以賺到的錢變少了，儘管實際上我也還沒賺到那些錢，但我害怕少賺，感覺現在買到的話，我會很安心，因為不用害怕了。（任何交易，都是在交易心理，為了撫平害怕、擔憂、恐懼而交易。）

8. 思考一下，自己對這間公司有多了解？

    例如：我其實根本不了解這間公司，只知道他賣的產品是給一般大眾的消費品。

9. 思考一下，如果現在就買進股票有哪些風險？

    例如：雖然法人過去的預測都蠻準，但聽節目說，有時候也會有個落差。所以如果這次剛好預測不準的話，那股價就不會漲那麼多，甚至其實現在就是股價高點了。

10. 想像一下，如果是你的朋友告訴你，他遇到這樣一個絕佳的機會，想要馬上就買股票，你會給予他什麼樣的建議？

例如：我會先問他資訊從哪裡聽來的？他如何確定這些資訊是真的？他有沒有考慮如果不如預期時，下跌多少要停損出場？

11. 承接 10. 針對這支股票，如果你要建議你朋友再考慮一下，你會列出哪些利空因素？哪些缺點？哪些風險？

例如：法人說樂觀看待今年，預計成長 30%，但是他的產品有可能消費者不買單。

12. 綜合以上因素，重新思考這支股票，是否有很大的機率上漲？成長多少％？自己的預期報酬率是多少？

例如：我必須要先來了解公司，才能做出這些判斷。不過我自己的預期報酬率是 20%，也許我能夠找到其他標的。

13. 問自己，還有沒有遺漏什麼因素？

例如：這間公司最近要現金增資，如果要增資很多，就會影響到 EPS，所以儘管真的如法人所說的，業績會成長 30%，但實際上 EPS 很可能無法如分析師所說的成長 30%。

實務上可以自行加入更多的提問。這個過程的關鍵在於，透過「提問」讓自己「放慢」，然後進行「思考」，這樣就可以有效降低貪婪的影響。

知止

在第十八章中提到：**滿足＝實際擁有／渴望**。

而渴望就源自於欲望，所以當欲望越高時，我們就越難以滿足。

但就如同上一章所說，欲望是我們賺錢的原動力，如果欲望不高，就不會想要賺錢，而欲望太高，又無法滿足。這到底該如何平衡？其實在第十八章裡，李嘉誠的故事已經告訴我們答案：「知止」。

1986年，華爾街的知名投資人伊凡·博斯基（Ivan F.Boesky）當時已經非常富有，擁有豪車、名畫、珍藏，甚至在紐約還有約2,500坪的土地。1986年5月，他在加州大學柏克萊分校的商學院演講時說：「我認為貪心是健康的，你可以貪心，同時自我感覺良好。」

他甚至曾說：「想想看，把5億美元換成一元紙鈔或一堆硬幣後，會有多高？想想看，由硬幣堆成的天梯，如果我能爬到那天梯的頂端，豈不是太了不起了？」

同年，他因非法內線交易被判罰破紀錄的1億美元和監禁三年半，同時永遠禁止未來從事證券工作。出獄後，他妻子跟他離婚，此後他再也沒有恢復名聲，直到他2024年5月離世。他一輩子也沒有實現他5億美元天梯的夢想。

伊凡·博斯基（Ivan F. Boesky）因貪心而不知止，導致他的人生無法東山再起，所以「知止」非常的重要。

但我們要怎麼樣才能知道，要「止」在哪裡呢？這我們可以從中華文化裡得到答案。

"止於至善"

中華文化認為一生萬物，所以至善就是一，意指達到生生不息的平衡圓滿境界。

因此對投資來說，至善，就是能夠用簡單且以一貫之的方法，長期地在市場上存活下來的同時還能獲得利益。所有的投資哲學，都是從這個至善的終極目標出發，然後逐步建構，最終和生活融為一體而圓滿。要長期存活，最重要的一件事就是控制風險，這一點在任何一個有效的投資哲學中都是最重要的原則。

同時，至善並不是一個具體的數字。實際上，我們的金融財富每分每秒都在變動，所以具體的數字，只能當作是一個階段性的目標，如果太執著於數字，就會迷失在金錢遊戲之中。

透過本書，我們想展示給讀者的是一條達到圓滿的路徑：

在金融資本達到存活；
在智慧資本達到簡擇；
在人力資本達到平衡；
在社交資本達到和樂。

然後人生在這四種資本互動之下達到圓滿。

祝所有讀者都能圓滿。

全書結語與精華

　　本書圍繞著兩個關鍵字：「資產配置」與「平衡」。資產配置是投資成功的基石，而平衡則是其中的核心。透過不同視角對資產配置的重新理解，我們希望能幫助你在投資的迷霧中找到前行的燈塔。

　　第一篇，我們從老闆錢包開始，掌握了最經典的股票與債券資產配置策略，理解如何在攻擊型與防守型資產之間取得平衡，奠定穩健投資的基礎。

　　第二篇，我們深入探討了進階投資策略，從槓鈴策略、生命週期投資法到反向槓鈴策略，學習如何打造冒險箱、成長錢包與價值錢包，在高風險投資中找到平衡點，並在控制風險的同時，創造更高的潛在回報。

　　第三篇，透過理解資產輪動循環 Wealth Cycle，我們重新審視了財富的真實價值，並探索如何在金融商品與實物資產之間進行有效配置，透過黃金能打造自己的小金庫與資產池，確保在不同時期與市場環境中保持財富的穩定性與增長。

　　第四篇，我們超越了投資本身的視野，提醒自己在追求財富的同時，也要配置與平衡其他人生資本，珍惜與享受人生中更美好的價值，並且學習如何打造投資飛輪。

　　第五篇，我們回歸內在，學習如何掌握欲望、心態、認知、情緒，使我們超越漲跌、超越循環，維持良好的投資紀律，最終達到圓滿的人生。

　　希望這本書能引導你找到適合自己的資產配置策略，並在風險與報酬、投資和人生之間保持平衡，實現長期穩定的財富增長。

　　當你能理解這些內涵，你會發現投資比你想像的簡單。不用擔心市場崩盤無需整天盯著市場、追逐新聞與財報，而是要提升你的視野與投資智慧，用 10% 的努力就能獲得 90% 的投資成果。

感謝你翻閱這本書。如果這些內容能夠啟發你，並在你的投資和人生道路上帶來新的發現，那麼我們的心願就達成了。願你在未來的每一個投資決策中，都能感受到智慧與平衡的力量，實現財富與人生的雙重豐盛。

最後因為書的篇幅有限，有些內容無法納入其中，你可以到下面網站或掃描 QR code，學習更多投資的知識。

https://knowledge-cashback.com/wealth-flywheel/

同時我們成立了一個 Fb 社團，會分享更多有關投資的祕密，你也可以到下面網址逛逛！

https://www.facebook.com/groups/wealthflywheel

如果對書中的內容有疑問，也歡迎 email 到小吳醫師信箱：

support@rayandhealth.com

MEMO

MEMO

MEMO

台灣廣廈 國際出版集團
Taiwan Mansion International Group

國家圖書館出版品預行編目（CIP）資料

永不崩盤：小吳醫生的平衡型致富系統「黃金×債券×股票」輪動策略，無懼崩盤，再忙也不怕，獲利安全又穩健！／吳佳駿、劉詠廷 著，
-- 初版. -- 新北市：財經傳訊, 2024.10
　　面；　公分. --（view;73）
ISBN 978-626-7197-73-8（平裝）
1.CST:理財 2.CST:投資

563　　　　　　　　　　　　　　　　　113014305

財經傳訊
TIME & MONEY

永不崩盤：小吳醫生的平衡型致富系統
「黃金×債券×股票」輪動策略，無懼崩盤，再忙也不怕，獲利安全又穩健！

作　　　者／吳佳駿	編輯中心／第五編輯室
劉詠廷	編 輯 長／方宗廉
	封面設計／張天薪
	製版・印刷・裝訂／東豪・紘億・弼聖・秉成

行企研發中心總監／陳冠蒨　　線上學習中心總監／陳冠蒨
媒體公關組／陳柔彣　　　　　數位營運組／顏佑婷
綜合業務組／何欣穎　　　　　企製開發組／江季珊、張哲剛

發　行　人／江媛珍
法 律 顧 問／第一國際法律事務所 余淑杏律師・北辰著作權事務所 蕭雄淋律師
出　　　版／台灣廣廈有聲圖書有限公司
　　　　　　地址：新北市235中和區中山路二段359巷7號2樓
　　　　　　電話：（886）2-2225-5777・傳真：（886）2-2225-8052

代理印務・全球總經銷／知遠文化事業有限公司
　　　　　　地址：新北市222深坑區北深路三段155巷25號5樓
　　　　　　電話：（886）2-2664-8800・傳真：（886）2-2664-8801
郵 政 劃 撥／劃撥帳號：18836722
　　　　　　劃撥戶名：知遠文化事業有限公司（※單次購書金額未達1000元，請另付70元郵資。）

■出版日期：2024年10月
ISBN：978-626-7197-73-8　　　　版權所有，未經同意不得重製、轉載、翻印。